El tejido de la Biblia y la vida

Editorial SEBILA
Universidad Bíblica Latinoamericana

Comité Editorial:
Dr. José Enrique Ramírez (director)
Dra. Genilma Boehler
M.Sc. Ruth Mooney
M.Sc. Violeta Rocha
Damaris Alvarez

Año 2012

El tejido de la Biblia y la vida

RELECTURA BÍBLICA CON PERSPECTIVA DE GÉNERO

Violeta Rocha Areas

Departamento de Publicaciones, UBL

Edición: Ruth Mooney

Diagramación / Diseño portada:
Damaris Alvarez Siézar

Ilustración portada:
La tejedora de Verona, de Remedios Varo
Tomada de: http://imageshack.us/photo/my-images/
59/latejedoradeverona1956.jpg/

San José, Costa Rica

ISBN: 978-9977-958-57-6

Universidad Bíblica Latinoamericana
Apdo 901-1000
San José, Costa Rica
Tel.: 2283-8848 / 2283-4498
Fax: 2283-6826
ubila@ice.co.cr
www.ubila.net

A Geraldina, tejedora de resistencias y de alegrías.

A Giselle Gómez TSJ, tejedora de la espiritualidad Teresiana,
que me enseñó sobre Teresa de Avila, Concepción Arenal y Enrique de Ossó.

Contenido

Presentación

Como si estuviéramos tejiendo un manto, nos conduce la autora por los entramados de la relectura bíblica con perspectiva de género. El tema ha sido abordado en otras ocasiones, desde diferentes aristas, pero en esta oportunidad, la sensibilidad, el acumulado teórico y la vivencia práctica de Violeta Rocha nos iluminan en el ejercicio de lograr nuestra propia comprensión y prácticas liberadoras.

Con audacia y precisión nos habla del polémico sujeto comunitario para recordarnos que todo esfuerzo hermenéutico, desde las experiencias de personas, grupos y sectores marginados, debe contribuir a la emancipación colectiva, donde se descubren derroteros comunes y se concretan alianzas para alcanzarla. En este recorrido resurge la esperanza. No estamos solos y solas tejiendo y destejiendo nuestros propios textos. Es posible dialogar en el camino, tender puentes hacia otras realidades, esfuerzos, intuiciones, con los cuales afinar nuestras puntadas.

La poesía, la plástica, el drama, el cuestionamiento, la crítica, surgen como hebras del itinerario metodológico sugerido por la autora para vivir con perspectiva de género. No satura de conocimientos, más bien impulsa a experimentar, definir y comunicar, nuestra propia percepción del tema, ganando comprensión de la justicia de género, los aportes de la teología o teologías feministas, la reflexión sobre el sujeto, sobre el cuerpo y la sexualidad, la urgencia de rescatar todo este saber en la práctica cotidiana.

Violeta abre las puertas de la institución académica en la que se desenvuelve para retornar a las bases, los grupos de relectura comunitaria, los protagonistas de toda transformación de la realidad, para dialogar con ellas/os. El gesto es ya una definición de su manera de comprender y asumir el aporte del análisis de género, los estudios interdisciplinarios de las mujeres, los feminismos y las masculinidades, las teologías feministas, etc. Si no contribuyen para animar a las bases, provocarles en el camino, motivar nuevas palabras y acciones con sabor a pueblo, reivindicarles, descubrirles como núcleo activo de la liberación, aun en medio de su complejidad, no tienen valor alguno.

La autora apuesta por las bases con la noción de que en ellas hallamos al Dios de la vida que revela su opción por los que caminan en las fronteras. Este posicionamiento nos permite otra mirada hacia las relaciones de poder, en la Biblia y en la vida, las opresiones y ocultamientos que se generan en los centros y que debemos denunciar si aspiramos a una vida digna para todas/os. No obstante, según Violeta, la vida digna depende también de un tránsito liberador de las periferias hacia el centro, tránsito complejo y nada ingenuo.

Tejiendo el manto común apostamos también por la formación política en las bases. Es un camino de aprendizajes que devela la dimensión pedagógica de la liberación, donde las actitudes del sujeto comunitario matizan la caminata. Hilemos, pues, con la autora. Hilemos participando, celebrando, dialogando, construyendo en colectivo nuevos saberes, aprendiendo y enseñando. Al concluir la lectura resulta imposible no tener dispuesto nuestro hilo.

Abel Moya

1
Preparándonos para tejer el manto

as aportaciones de la exégesis feminista se convierten en una propuesta que toca las raíces de nuestra manera de mirar y de percibirnos a nosotras/os mismos, el mundo, el cosmos, Dios. Esta contribución tiende a revolucionar la forma en que nos relacionamos con las/os demás y con toda la creación. Es una propuesta transformadora que nos permite superar las concepciones patriarcales y androcéntricas para hallar nuevos matices, otras experiencias, redescubrir el cuerpo, el sufrimiento, el llanto, la intuición, los sentimientos, el gozo, la ternura, lo personal y lo comunitario, el coraje, la resistencia, lo humano.

De esta manera califica la Pontificia Comisión Bíblica a la exégesis feminista:

> Numerosos aportes positivos provienen de la exégesis feminista. Las mujeres han tomado así una parte activa en la investigación exegética. Han logrado, con frecuencia mejor que los hombres, percibir la presencia, la significación, y el papel de la mujer en la Biblia, en la historia de los orígenes cristianos y en la Iglesia. El horizonte cultural moderno, gracias a su mayor atención a la dignidad de la mujer y a su papel en la sociedad y en la Iglesia, hace que se dirijan al texto bíblico preguntas nuevas, ocasiones de nuevos descubrimientos. La sensibilidad femenina lleva a entrever y corregir ciertas interpretaciones corrientes tendenciosas, que intentaban justificar la dominación del varón sobre la mujer.

La hermenéutica feminista (…) se sirve de los métodos corrientes en exégesis, especialmente del método histórico-crítico y agrega dos criterios de investigación. El primero es el criterio feminista, tomado del movimiento de liberación de la mujer, en la línea del movimiento más general de la teología de la liberación. Utiliza una hermenéutica de la sospecha: la historia ha sido escrita regularmente por los vencedores. Para llegar a la verdad es necesario no fiarse de los textos, sino buscar los indicios que revelan otra cosa distinta. El segundo criterio es sociológico: se apoya sobre el estudio de las sociedades de los tiempos bíblicos, de su estratificación social, y de la posición que ocupaba en ellas la mujer.[1]

Con las aportaciones de la exégesis feminista damos un paso más en el esfuerzo civilizatorio por alcanzar un mundo más justo, más humano. Este mundo depende mucho de la actitud crítica que seamos capaces de desarrollar en el debate sobre el mundo actual, sus injusticias, dominaciones, exclusiones, invisibilizaciones y silenciamientos, los opresores y sus víctimas.

Por ello necesitamos despertar…

ABRIR LOS OJOS para ver no sólo las imágenes que los medios quieren vendernos, sabiendo que detrás de ellas no están los rostros de las personas, sino los intereses de acumulación. Dejar de consumir toda información que abruma y confunde y aprender a elegir la que alimenta. Mirar sin temor aquello que no corresponde a los cánones de belleza interiorizados desde nuestra propia cultura, pero existe y está ahí, esperando ser reconocido para revelarnos su valor. Mirar con el corazón.

ABRIR LOS OÍDOS para escuchar con atención relatos e historias personales que nos hablan de distintos contextos culturales de OTRA HISTORIA. Así comprenderemos por qué pasa lo que pasa, por qué se piensa como se piensa, por qué se actúa en un sentido u otro, y seremos más respetuosas/os con la opinión distinta, y estaremos en condiciones de dialogar.

Atrevernos a TOCAR EL SUFRIMIENTO provocado por la violencia, especialmente la que tenemos interiorizada, cuando creemos que debe regir la ley del más fuerte porque es condición

---

1 Pontificia Comisión Bíblica, *La interpretación de la Biblia en la Iglesia, E. 3.* Madrid: PPC, 2007. Original de 1993.

de supervivencia, aunque legitime desigualdades que privan de la vida y encuentre justificaciones para no compartir lo acumulado. Si tocamos el sufrimiento y le ponemos nombre y apellido, expresaremos con el gesto oportuno la compasión y la solidaridad que nacen de reconocer que somos parte de la misma familia, y "lo que sufres tú" me concierne. Despejaremos el temor de sentir, compadecer, padecer con, disfrutar, y nos pondremos manos a la obra colaborando en acciones solidarias. Hay que tocar para hacer nacer el compromiso y la responsabilidad por el cuidado de la vida.

Redescubrir el GUSTO POR EL ENCUENTRO, el afecto, la ternura y la confianza; dar espacio al silencio, reparar en la belleza... porque al haber seguido una carrera competitiva, buscando la eficacia y la rentabilidad, parece que se nos ha extraviado ese gusto. Cuando nos encontremos, comprobaremos que somos iguales, y, por compartir la misma dignidad, merecemos los mismos derechos y hemos de responder unos/as de otros/ as. Desde la confianza emprenderemos acciones constructivas, donde entren en juego nuestro saber y el que podemos adquirir en un aprendizaje continuo, contando con el saber acumulado por tantas generaciones de las que somos deudoras/es, y entendiendo que cualquier proyecto será más creativo cuanto más participemos y cooperemos.

Aprender a PERCIBIR el aroma de la presencia del Dios viviente en nuestro interior y en toda realidad, lo que nos permitirá acoger lo que Él en cada situación nos vaya mostrando, y elegirlo, porque eso será lo que nos vale. Desde la fidelidad a Dios y a su Palabra podremos ejercer nuestra misión educadora y ser acompañantes de otras generaciones nuevas o viejas, que también tienen mucho que enseñarnos. Lo haremos compartiendo la sed de Dios y de sus noticias con quienes sean de nuestro credo, y abiertas a los de otros/as. En el camino nos animará la experiencia de los testigos que conocemos, discípulos de Jesucristo, y la de aquellos/as que nos han precedido. Y lo haremos porque estamos seguras/os de que esta experiencia transparenta el Amor y Verdad divinos y son lo único que une, ilumina y calienta nuestro mundo.[2]

---

2 Propuesta Educativa Teresiana (PET). Barcelona: Editorial STJ, 2006, 92-94.

Un ovillo que libera:
mujeres y hombres tejiendo la vida

El trabajo bíblico es una de las labores más hermosas que nos lega la tradición cristiana. Es una tarea sencilla y a la vez compleja, en la que necesitamos afinar todos nuestros sentidos para palpar, saborear, olfatear, ver y escuchar a otras mujeres y otros hombres, así como para percibir el actuar de Dios en medio de la historia.

Las personas rescatan, construyen, reconocen, articulan, sospechan, interpretan, recrean, liberan, crecen, participan, promueven, apoyan, redescubren, comprenden las Escrituras, al llevarlas a sus vidas, a su *propia orilla*. Sin embargo, todo esto resulta imposible sin interactuar con aquellas/os que están en *otras orillas* con el deseo de comunicarse.

Una metáfora que nos ayuda a entender el trabajo de relectura bíblica es la del tejido. No es una metáfora ajena a la palabra texto. Por el contrario, texto es una palabra que proviene del griego y que significa tejido.

Desde la perspectiva bíblica, podemos decir que el canon bíblico constituye un gran tejido. No es un texto cualquiera sino un enorme desafío de multiculturalidad. Por ejemplo, en el Nuevo Testamento se decidió hacer figurar los escritos de la *escuela joánica* al lado de los de la *escuela sinóptica*, o los de la *escuela paulina* con los de la *escuela deuteropaulina*, dándose a todos el mismo estatuto canónico. Con ello percibimos un vasto tejido que integra diversas corrientes, criterios, visiones, propuestas, discursos, ricamente compuesto y nada ingenuo.

Detengámonos unos minutos a examinar con atención la obra *La tejedora de Verona* (1956) de la artista plástica española Remedios Varo Uranga, refugiada en México durante la guerra civil española. Preguntémonos:

1. ¿Qué caracteriza a la Tejedora de Verona?
2. ¿Qué determina su mundo?
3. ¿Qué es lo que teje?
4. ¿Cómo interpretamos su tejido? ¿Por qué?
5. ¿Qué pudo haberla inspirado a realizar el tejido? ¿Por qué?
6. ¿Qué evocaciones nos provoca este cuadro?

Tomado de:http://imageshack.us/photo/my-images/59/latejedoradeverona1956.jpg/

Quizás la poesía de Julia Esquivel[3] nos ayuda a descubrir lo que nos resulta invisible en la obra *La tejedora de Verona*, de Remedios Varo:

Tejido típico

Cuando subo a la Casa de la Vieja Tejedora,
con admiración contemplo lo que surge de su mente:
*   mil diseños en formación y ni un solo modelo para copiar*
*   el maravilloso tejido con que vestirá a la*
*   compañera del Fiel y Verdadero.*

Los hombres siempre me piden que les dé el nombre de la marca,
*   que les especifique modelos.*
Pero la tejedora no se deja encasillar
*   por esquemas ni patrones.*
Todos sus tejidos son originales,
*   y no hay modelos repetidos.*

---

3 Julia Esquivel, *Threatened with resurrection, Amenazado de resurrección.* Chicago: The Brethren Press, 1982, 106.

Su mente está por encima
de toda previsión.
Sus manos hábiles no aceptan patrones ni moldes.

Saldrá lo que saldrá, pero la Que Es lo hará.

Los colores de sus hilos son firmes: sangre, sudor,
perseverancia, lágrimas,
lucha y esperanza;
colores que no se borran
con el tiempo.

Los hijos de los hijos
de nuestros hijos, reconocerán el sello de
la Vieja Tejedora; quizá entonces
reciba un nombre,
pero como modelo, nunca más podrá ser repetido.

He visto cada mañana cómo sus dedos hábiles
escogen los hilos uno por uno.
Su telar no hace ruido y los hombres
no le dan importancia, y sin embargo
el diseño que surge de Su Mente hora tras hora,
aparecerá en los hilos de muchos colores
en figuras y símbolos que ya nadie, nunca más,
podrá borrar o deshacer.

La sensibilidad de Julia nos invita a ir más allá. El personaje propuesto en el cuadro de Remedios ahora posee identidad. Atrevámonos a reflexionar con las siguientes interrogantes:

1. ¿Quién es la vieja tejedora?
2. ¿Por qué se la quiere encasillar? ¿Por qué no se deja encasillar?
3. ¿Qué significa su tejido?
4. ¿Cuál será el sello al que se refiere el poema?
5. ¿Por qué algunos no le prestan atención?
6. ¿Qué quiere decirnos la autora cuando asegura que su diseño aparecerá en los hilos de muchos colores que ya nadie podrá borrar?

Remedios Varo y Julia Esquivel nos han permitido descubrir que tejer no significa juntar hebras al azar. Tejer es relacionar ideas, conceptos, intuiciones, visiones, descubrimientos, vida, para provocar un despertar en quienes se prestan a admirar la obra. Es decir, confeccionar algo que ayude a movilizar el pensamiento y la acción generando nuevos horizontes. El texto del que hablamos representa un colosal entramado elaborado con un ovillo que libera.

La Biblia: un tejido multicolor de puntadas y remates

La Biblia es un hermoso texto, es decir, un precioso tejido. Las puntadas verticales podrían considerarse como los contextos históricos, políticos, sociales, económicos, religiosos, en los que se produjo el texto. Estos hilos son cruzados por las puntadas horizontales, a las que podemos imaginar como las acciones de las mujeres y los hombres, de comunidades disímiles, en esa historia particular de la que son parte en compañía de Dios. No habría otra manera de entender a Dios en la historia de la humanidad, en los grandes y sencillos acontecimientos de la vida, sino como el que inspira a tejer, a construir el texto. Sin duda, la hechura de la trama depende tanto del gran Inspirador como de la manera en que tejen las mujeres y los hombres de los tiempos bíblicos.

Hombres y mujeres tejemos la vida, la fe y la esperanza de múltiples maneras. El ovillo de la vida es multicolor, con distintas longitudes, texturas, naturaleza, y con él o con ellos se elabora continuamente un tejido, al que siempre volvemos para poder continuar tejiendo.

Habrá momentos en la vida de los seres humanos en que se quiera deshacer parte del tejido ya elaborado, quizás el tejido entero. Vendrán instantes en los que ya no queramos relacionar una hebra con otra, y hasta puede que la propia labor de tejer nos parezca inútil. Sin embargo, jamás podemos renunciar a nuestra vocación de tejedoras/es, nuestra esencia está en la relación. Recordemos brevemente el mito de Penélope, conocida como la esposa de Ulises en La Odisea de Homero:

Penélope recibe la noticia de que su marido Ulises ha muerto. Ella se niega a creerlo y es asediada por otros pretendientes, pues además de joven y bella, es hija de un rey. Penélope decide permanecer fiel a Ulises, y para evitar otro compromiso, resuelve tejer un sudario para el viejo Laertes, padre de su esposo. Cuando los pretendientes insisten, Penélope expresa que no se decidirá por ninguno antes de terminar el sudario. Ellos aceptan este plazo, y ella todas las noches deshace el trozo que tejió durante el día para ir ganando tiempo. Con esta estratagema mantiene engañados durante tres años a los pretendientes hasta que una criada descubre la farsa y la delata. A partir de este momento a Penélope se le agotan las posibilidades de ser fiel a su amor. Los pretendientes se presentan para pedirle cuentas y obligarla a realizar lo que no quiere.

Penélope teje y desteje. Para ser ella misma tiene que realizar esta labor. Al estudiar el mito descubrimos muchos elementos para el análisis de los roles de las mujeres y los hombres, de los contextos históricos, políticos, religiosos, para la reflexión sobre la propia cultura. Leer desde una perspectiva feminista significa develar las lecturas y modos de lectura que nos han configurado como lectores/as, y que nos han no sólo transmitido modelos de identidad sexual mediante roles o estereotipos sociales, arquetipos y mitos, sino que también nos han configurado.

La figura de Penélope ha sido leída como un ejemplo de fidelidad, de recatamiento, castidad y abnegación, a pesar de las dudas de Ulises. También como una mujer que utiliza su astucia para evitar otro matrimonio, a través de su rol de esposa y de tejedora. Sin embargo, hay que leer este estereotipo con mucho cuidado, por las ambigüedades que también presenta el personaje femenino. La tarea está enfrente de nosotras y nosotros. Rosalía de Castro, poeta española del siglo XIX, en la tercera estrofa de su poema "En las orillas del Sar" (1884), introduce el mito de Penélope:

(Fragmento)
Pero yo en el rincón más escondido
y también más hermoso de la tierra,
sin esperar a Ulises,
que el nuestro ha naufragado en la tormenta,
semejante a Penélope
tejo y destejo sin cesar mi tela,
pensando que ésta es del destino humano
la incansable tarea,
y que ahora subiendo, ahora bajando,
unas veces con luz y otras a ciegas,
cumplimos nuestros días y llegamos
más tarde o más temprano a la ribera.[4]

---

4 Citado en el artículo "Revisiones y reescrituras de mitos femeninos", Aurora Marco, Universidad Santiago de Compostela. En: http://sedll.org/es/admin/uploads/congresos/9/act/286/2conferencias.pdf Accesado 1 de julio del 2011.

Sin duda hay momentos difíciles, más el ejercicio de tejer nos salva, nos impulsa a recorrer un camino donde vamos afirmándonos. Desde la perspectiva de Rosario de Castro, el tejer no está condicionado por la espera de Ulises, sino que esas acciones la insertan en la humanidad. Es cierto que en la vida de los seres humanos, el momento y la capacidad para destejer lo tejido no es tan evidente ni fácil. Sin embargo es un proceso de aprender y desaprender, desconstruir y reconstruir; en definitiva, es esa la dinámica de la vida.

La relectura bíblica

Severino Croatto, uno de los biblistas latinoamericanos que ha contribuido significativamente a las ciencias bíblicas, afirmó:

> *La Biblia no es un depósito cerrado que ya dijo todo. Es texto que dice, en presente, pero que habla como texto, no como una palabra difusa y existencial que sólo tiene sentido genérico de provocar mi decisión. La tensión entre ser un texto fijado en un horizonte cultural que ya no es el nuestro, y ser una palabra viva que puede mover la historia, sólo se resuelve por una relectura fecunda.*[5]

Cuando leemos la Biblia como Palabra de Dios, hacemos una relectura en la que se da una producción de sentido. Desde finales del siglo XIX, en Europa surgieron los métodos histórico-críticos, que alcanzaron su auge en el tiempo de las dos guerras mundiales, con el propósito de tener otra propuesta de lectura más crítica, y una búsqueda de sentido para una época llena de muerte y desastres.

Sin embargo, con los cambios promovidos por el Vaticano II y Medellín, se abrió el control eclesial y se fortaleció el movimiento laical, lo que permitió la producción de relecturas desde América Latina.

Una riqueza de procesos se suscitaron y se visibilizaron los diferentes rostros: mestizos, negros, indígenas, femeninos, con orientación sexual diferente, etc. Es lo que se conoce como hermenéuticas específicas, y también como hermenéuticas del genitivo. Estos procesos de relectura del

---

5 J. Severino Croatto, *Hermenéutica bíblica. Para una teoría de la lectura como producción de sentido*. Buenos Aires: La Aurora, 1984, 7.

texto bíblico acompañan el quehacer teológico de la comunidad creyente, intentando comprender los acontecimientos vividos a su alrededor.

Es muy útil la metáfora de la Biblia como un espejo, del biblista Carlos Mesters. La Biblia es como un espejo en el cual nos reflejamos, nos conecta a ese mundo de la Biblia, acercando esa cotidianidad lejana a la nuestra. Ese reflejo mostrará una diversidad de rostros de mujeres y hombres, que tal un crisol de culturas latinoamericanas, también enriquecerán el trabajo bíblico, las hermenéuticas latinoamericanas, las teologías latinoamericanas y la praxis en nuestros contextos.

El desafío para mujeres y hombres de fe es envolvernos en un proceso hermenéutico o de interpretación bíblica. Hermenéutica es interpretación, y no es una tarea exclusivamente académica, como podría creerse. Se origina de *hermenéuo,* vocablo griego que significa *interpretar,* del latín *interpretatio.*

La tarea de interpretar o traducir se atribuye a Hermes, el dios alado del panteón griego que, para llevar el mensaje a los humanos, sirve como mediación entre estos y los dioses. El mediador Hermes es una de las imágenes más conocidas cuando se habla de hermenéutica. Sin embargo, encontramos otra manera de reelaborar esa figura:

> No es el mito de Hermes, sino el de Metis y Atenea su hija nacida de la cabeza de Zeus, en un parto inusual, el que ayuda a perfilar la tarea de la hermenéutica y la retórica crítico feministas. En griego metis, que deriva del nombre de la diosa Metis, vino a significar "sabio consejo" o "sabiduría práctica". Ella era una diosa preolímpica de la sabiduría, quien al ser acosada por Zeus se convirtió en su primera esposa. Zeus mantiene una relación de rivalidad con Metis. Cuando la tragó la tuvo siempre dentro de él y se benefició de su sabio consejo. Metis es la personificación de los distintos modos aplicados al conocimiento y la acción. En el área creativa o artística, Metis transforma a un intérprete hábil técnicamente en un artista o a una obra en una obra artística. Por otro lado Atenea, al nacer de la cabeza de Zeus, asume la autoridad y el patriarcado, hasta que recuerda Metis.[6]

---

6 Jean Shinoda Bolen, *Las diosas de la mujer madura, Arquetipos femeninos a partir de los cincuenta.* Barcelona: Kairós, 2009.

Decidiremos cuál de los mitos nos inspiran más en la labor interpretativa, tal vez aquellos que nos hagan más conscientes de nuestras potencialidades para poder actuar en libertad y gozo.

Los estudios de las Mujeres, los Estudios Feministas

La noción de "estudios sobre la mujer" resulta ambigua, pues estos tienen a las mujeres, en vez de a las estructuras de dominación, como objeto de investigación. Los estudios feministas, por el contrario, aspiran a facultar a las mujeres para reconocer y transformar tales conocimientos y estructuras de marginación y opresión. Puesto que su objetivo no es sólo interpretar textos bíblicos y transmitir revelaciones divinas, sino enmendar la mistificación y la deshumanización kyriarcal, la hermenéutica feminista debería tomar el nombre y la inspiración de Metis –la divina sabiduría- y no de Hermes, el dios embaucador.[7]

Se podría resumir este proceso en tres aspectos, que no son difíciles de ubicar:

- El término exégesis, al igual que hermenéutica, ha sido definido como una actividad cotidiana en la cual todas/os nos comprometemos día a día. Cada vez que oímos una afirmación oral o leemos algo escrito y buscamos cómo entender lo que ha sido dicho, estamos comprometidos/as con la exégesis. La palabra exégesis es derivada del griego, la cual literalmente significa *sacar/llevar fuera* el significado del texto. Usualmente, exégesis también significa *explicar, interpretar, decir, reportar* o *describir*. Al igual que la hermenéutica, la exégesis está referida clásicamente a la articulación o descubrimiento del significado del texto basado en la comprensión o entendimiento de las intenciones y metas del autor original. Interpretamos textos bíblicos y por eso hablamos de hermenéutica bíblica, aún sabiendo que la hermenéutica, así como la exégesis, no surgió originalmente en el campo bíblico.

- Cada mujer u hombre que hace relectura del texto bíblico tiene ya un prejuicio o precomprensión del texto. Esta precomprensión es producto de lecturas o interpretaciones aprendidas de otros

---

7 Schüssler Fiorenza, *Los caminos de la sabiduría*, Santander: Sal Terrae, 102.

contextos ajenos a los nuestros. Lo que hacemos por lo general es repetir esas "lecciones" aprendidas. No nos acercamos al texto bíblico como una página en blanco, sino que generalmente hay un prejuicio, entendiendo este no en el sentido peyorativo. Es decir, tenemos un juicio previo a la hora de enfrentar la lectura de un texto, el examen de una circunstancia, el análisis de una coyuntura determinada, y ese juicio previo es imposible de obviar.

• La acción de interpretación amplía, hace crecer, el sentido del texto que es objeto de relectura. Todo texto cobra un significado mayor a la hora de ser leído, ya que leer es interpretar desde el lugar de quien lee, y toda interpretación provoca una considerable ampliación del significado de aquello que se interpreta. Si bien es cierto, interpretamos desde el lugar o situación donde estamos, nos hacemos sujetos intérpretes en tanto logramos criticar este lugar, y alcanzamos a construir otro lugar en donde se valora como legítima nuestra capacidad hermenéutica.

2
El paréntesis del sujeto

Al abordar la cuestión de género es vital introducirse en la cuestión del sujeto, o sea, el sujeto que hace teología, que dice, con las palabras que brotan de sus circunstancias y sus esperanzas, lo que siente y piensa sobre Dios. Esto es fundamental, pues la perspectiva de género aplicada al conocimiento bíblico-teológico nació precisamente de la reflexión de un sujeto muy particular en la historia: las mujeres. Esa reflexión no se dio en condiciones normales, sino especiales, es decir, surgió en difíciles circunstancias de dominación, exclusión, represión, en contextos muy desfavorables para las mujeres.

Actualidad de los sujetos en la teología

La Teología Latinoamericana y la Hermenéutica Bíblica Latinoamericana surgen de procesos de lucha por la justicia y la liberación. En el proceso histórico de estos movimientos su constitución enseña la necesidad de entender que aun y cuando exista un movimiento mayor aglutinante, hay luchas específicas que cruzan este movimiento y muestran, aún en sus entrañas, aspectos de dominación que son inaceptables. Al dar cabida a estas distintas palabras se hace necesario crear espacios específicos para que estos grupos marcados por raza, género y demás, construyan sus propios discursos (praxis específicas) como parte del movimiento mayor. Entonces, se experimenta una complejidad de voces dentro de un objetivo común que se va diversificando al tenor de tales voces. Quienes han luchado y lo siguen haciendo por una sociedad más justa y solidaria se denominan sujetos hermenéuticos por su cualidad de leer la Biblia desde el corazón mismo de una lucha general y unas luchas específicas. Es un proceso de mutua formación en el cual aprendemos a convivir en una nueva forma de sociedad, más cercana a la que queremos, en el ejercicio cotidiano de la convivencia.

A partir de las contribuciones de Severino Croatto y otras y otros biblistas, podemos puntualizar lo siguiente:

- Hoy más que nunca es importante la tarea teológica de promover los sujetos en su enorme complejidad. El movimiento de relectura bíblica ha vivido distintas etapas desde la propuesta de distintos sujetos inmersos en los procesos de liberación. Sin embargo la complejidad de los mismos nos pone frente a una pluralidad, y también atentos a una polifonía que no es necesariamente armónica.

- No es posible hablar de Dios sin reconocer su voz a través de los sujetos. El reclamo de los distintos sujetos es hacer escuchar sus propias voces. La categoría de pobres adquiere una amplia dimensión en los distintos rostros y voces que emergen en el continente latinoamericano. Dios, la divina sabiduría, la *ruah* de Dios, sigue hablando a través de los seres humanos, afirmando sus palabras, pensamientos y acciones por la dignidad humana.

- El análisis de los discursos, desde los saberes y experiencias de los distintos sujetos de interpretación, develan los mecanismos del discurso global, para proponer discursos y praxis alternativos. Esto implica no sólo una lectura crítica del discurso globalizador, sino la articulación de un discurso alternativo plural y propositivo por la transformación.

- La relectura del texto bíblico desde la pluralidad de los sujetos se hace desde una realidad, experiencias emancipadoras, y hasta situaciones límites. Estas situaciones límites implican realizar una hermenéutica por la vida.

- La teología propuesta a partir de un proceso de relectura liberadora desde los distintos sujetos tiene el desafío de ser cada vez más una teología comunicante, que comunique tendiendo puentes desde las búsquedas y luchas de los mismos. Comunicar es tender puentes desde la realidad, fuerza, creatividad y diversidad de los sujetos. Para esto se requiere de una vocación intercultural, que ponga en diálogo los saberes y experiencias para la recreación del lenguaje y de los símbolos.

- No es posible obviar la complejidad de los sujetos, a pesar del compromiso que adquirimos en la relectura bíblica con perspectiva de género. Habrá que ir incluso más allá del género. Las relaciones de poder que se visibilizan desde la categoría de género, se dan en distintos niveles sociales, políticos, culturales, económicos, ideológicos y religiosos. En los últimos años la teoría de los estudios queer desafía a la teología a plantearse preguntas sobre la experiencia heterosexual y pensar cómo se ha construido la teología, así como el rol de las y los teólogos y de la hermenéutica.

- Hay que trabajar para encontrar puentes hermenéuticos entre los diferentes sujetos con el fin de abrir alternativas de diálogo y posibilidades de construcción colectiva, con personas dispuestas al intercambio. Estos puentes hermenéuticos presuponen un diálogo sin asimetrías, que en el ejercicio de la construcción colectiva apuntan a nuevas epistemologías liberadoras e inclusivas.

La complejidad de los sujetos, el sujeto comunitario como paradigma

La teología latinoamericana reconoció la importancia de los sujetos en su enorme diversidad, aunque en la práctica sigue siendo todavía un desafío, sobre todo para las academias y para las iglesias demasiado institucionalizadas. No es posible ningún *decir* o *hacer* liberador, mucho menos referido a Dios, sino desde las particularidades, anhelos, esperanzas, sospechas y necesidades de los sujetos en su amplísima pluralidad y complejidad. Esto significa un desafío para la teología acabada y despersonalizada de muchas iglesias e instituciones académicas.

Al reconocer que las distintas hermenéuticas proponen sus lecturas, críticas y alternativas desde las singularidades del sujeto hermeneuta, afirmamos que hace falta tender puentes entre ellas, para hacer teología feminista, teología indígena, teología negra, teología campesina, teología gay, hermenéutica queer, entre otras. La complejidad del sujeto en la teología latinoamericana hace necesario un paradigma aglutinador de las luchas, en medio de la multiplicidad o polifonía de expresiones. No es para eliminar esa tensión que, a nuestro modo de ver, genera movilizaciones redentoras, sino para provocar rumbos, símbolos, tejidos, lenguajes, debates, en los que podamos encontrarnos todas/os para el crecimiento colectivo. Las hermenéuticas específicas o del genitivo, no parten únicamente de una condición de marginación, de un clamor desesperado desde la desventaja, la exclusión o la opresión. Entenderlo de esta manera sería reducir la acción interpretativa liberadora únicamente a la persona, o a una comunidad de semejantes o iguales. El desafío podría vislumbrarse en acciones que tiendan puentes con otros espacios que contribuyan no sólo a cuestionar sino a transformar dicha condición.

Esa disposición o actitud es compleja porque supone, en muchos casos, aprendizajes contraculturales. Desde esta perspectiva, la relectura y hermenéutica feminista, así como la de las/os jóvenes y otros sujetos hermenéuticos, nos proveen de distintos testimonios.

La diversidad de hermenéuticas y sus propuestas de relectura no ponen al margen el paradigma del sujeto comunitario, es decir el pueblo. Este sujeto, pocas veces abordado desde su extrema complejidad, no ha perdido vigencia. El sujeto comunitario no es un elemento distorsionante frente a los aportes de los amplios sectores mencionados (mujeres, jóvenes, indígenas, campesinos, negritud, personas con discapacidad, niños y niñas, etc.), sino que es el elemento que nos permite percibir la tensión entre la liberación personal y la colectiva, plena de pistas hermenéuticas muy enriquecedoras.

Las actitudes del sujeto comunitario

Señalaremos muy brevemente el contenido de esa disposición que caracteriza al sujeto comunitario. Debemos aclarar que este intento no pretende nublar el rostro de los sujetos específicos, o sea, la mujer, la indígena y el indígena, la campesina y el campesino, la obrera y el obrero, la joven y el joven, la negra y el negro, el gay, la lesbiana, y todas/os quienes se han dispuesto a hacer teología liberadora y crítica desde su realidad. Nuestro señalamiento es un intento de bosquejar aun más el rostro de ese pueblo en búsqueda que conformamos todas/os quienes no estamos dispuestos a dejar de hacer teología con voz propia y fuerza comunitaria.

El siguiente esquema expresa las actitudes de sujeto comunitario, conjunto dialéctico que se torna puente hermenéutico hacia la liberación colectiva.

Participativo

Militante   Crítico

Fraterno/sororial   SUJETO   Dialogante
                        COMUNITARIO

Pedagógico   Horizontal

Inclusivo

Las actitudes de los sujetos o sujeto comunitario representan un desafío enorme que trastoca a la academia teológica, las jerarquías eclesiales y sociales, y a las comunidades de fe misma. No solo imponen la necesidad de abordar cuanto define la situación de exclusión en que se encuentra el sujeto teológico para entender su teología, sino que hace necesario asumir ciertas cualidades que conectan con la práctica transformadora, con la liberación. Todo ello amplía el proceso de descubrimiento de la importancia de las subjetividades en la teología.

El sujeto comunitario nos interpela al revelarse como sujeto que:

- Sin negar su condición ni abandonarla, acoge la condición de las/ os demás en una práctica de solidaridad y sororidad.

- Construye el conocimiento, el saber y las alternativas de liberación colectivamente. Las distintas experiencias y acciones hiladas desde la diversidad de colores, textura y puntadas generan nuevas epistemologías.

- Los procesos de transformación empiezan con nosotras/os mismos, producto también de esa conversión a los otros procesos de distintos sujetos, asumiendo que estos nos hacen mejores personas, animados para contribuir a la transformación social y eclesial.

Debemos ser capaces de comprender que la complejidad de la actitud no niega la condición del sujeto, sino que la promueve. La actitud es lo que verdaderamente provoca liberación, actitud que nace de una concientización del lugar histórico, de la condición concreta y específica, de la situación vital.

La teología debe aportar elementos y herramientas para que esta actitud prevalezca y se desarrolle frente a los retos del contexto. Las corrientes que intentan sofocar al sujeto no lo hacen por su condición sino por su actitud por la búsqueda de la liberación y la justicia. Solo las mujeres, las/os campesinos, las/os indígenas, las/os obreros, etc., que son participativos, dialogantes, inclusivos, militantes, que se proyectan pedagógicamente e intentan ser horizontales en sus relaciones, pretendiendo construir su saber colectivamente, resultan desafiantes. Sujetos con estas actitudes suponen un reto enorme y la reflexión teológica debe visibilizar cada vez más los énfasis de esta actitud desde la condición vital. No es más que una proyección liberadora en medio de una realidad determinada.

Reflexionemos como sujetos. Somos lectoras y lectores de la Biblia. Desarrollamos una forma de leer el texto y una manera especial de interpretarlo. Nuestro modo de leer es irrepetible, por ello nuestra interpretación se presenta como especial y novedosa. Tal vez muy pocas veces hemos pensando en esto.

Preguntémonos:

1. ¿Cuál es mi práctica de lectura? ¿Es más individual o colectiva?

2. ¿Generalmente hago una selección de los textos? ¿Cómo lo hago? ¿Por qué?

3. ¿Desde dónde me sitúo para hacer esta relectura? ¿Qué conozco de mi realidad?

4. ¿Sigo algún método de lectura, o creo que no sigo ninguno? ¿Cómo describiría lo que hago en ese proceso?

5. ¿Qué pienso acerca de la Biblia y de su interpretación?

Nunca nos acercamos al texto como páginas en blanco. Por eso hablamos de *lecturas situadas*. Nuestras experiencias como mujeres o como hombres nos marcan en esa relación creyente-Palabra de Dios. Se podría considerar este como uno de los desafíos más grandes en el proceso de relectura: poder percibir el texto bíblico como "un otro". Es decir, devolver al texto sus voces, sus contextos y reclamos. Esta imagen nos permite establecer un diálogo con "ese otro", distinto de mí no sólo por razones de tiempo, por los miles de años de diferencia, sino también por motivos de espacio, por ese viaje desde aquella *otra orilla* tan lejana de la mía. *Entre dos orillas* es una metáfora que intenta comprender formas de interpretar el texto bíblico en la "orilla original" del trasfondo histórico social y la "orilla de los lectores y lectoras" que leen el texto con nuevos lentes.[1]

Como lectora o lector de las Escrituras, debo preguntarme desde mi situación:

1. ¿Qué tiene que decir este texto a mi situación hoy?

2. ¿Cómo recibe este texto mi realidad?

3. ¿Encontraré lo que busco? ¿Si no lo encuentro, a qué contribuye este proceso de relectura?

4. ¿Cómo dialogar con posiciones distintas a la mía y a lo que necesito para mi vida?

5. ¿Qué actitudes me es urgente desarrollar para ese encuentro con el otro?

Cuando hacemos una relectura bíblica es como usar otros lentes, o como contemplar el horizonte compartido con otras visiones, proyecciones que se hacen carne en el caminar colectivo. ¿Es que los textos bíblicos sólo tienen una posibilidad de lectura? Uno de los relatos más conocidos que se interpretan muy negativamente en relación a las mujeres del Antiguo Testamento es de la mujer de Lot en Génesis 19,26.

La mujer de sal

La sal no corroe la memoria.
Seca la lengua, las pupilas,
*   atrofia las articulaciones*
*   pero deja intacta la memoria.*

Salimos apresuradamente,
*   con el lloro y los gritos a nuestras espaldas,*
*   el camino lodoso pegado a nuestras plantas.*

---

1 Ediberto López, "Entre dos orillas: el proceso hermenéutico", *RIBLA* 53. Quito: RECU.

Grita Lot:
'¡No vuelvan la mirada!'
'¡No vuelvan la cabeza o serán malditos!'

Pero mi corazón se dolía con los gritos,
*   con el llanto de los niños y el chillido de los animales*
con el crujido de las paredes derrumbadas
¡no podía soportarlo!

Me volví,
*   no por estúpida o desobediente,*
*   no por curiosidad malsana,*
me volví por piedad, por misericordia.

Yo vi lo que nadie se atrevió,
Mis pupilas blanqueadas guardan la historia,
*   nunca diré lo que había*
*   (esa es mi recompensa).*

¿Es qué Dios condena la misericordia?
Mi dios alabó la mía,
*   sentí sus manos conmovidas labrando y tallando mi cuerpo,*
*   lo que Él labró en piedra de sal fue mi compasión*
*   no el castigo que se divulga.*

Esta relectura poética de Gabriela Miranda nos habla de la situación existencial de una persona determinada. Podríamos decir de un sujeto que reclama para sí misma otra versión de la historia triste y condenatoria. Es la espera de otra mirada de algo que no llega, y que le produce dolor. Los verbos son fuertes: salir, llorar, gritar, doler, volverse y mirar. Una situación límite, reforzada por los imperativos "¡No vuelvan la mirada!" "¡No vuelvan la cabeza o serán malditos!"

La prohibición de "ver" de "volver la mirada" es insistir en mantener una sola perspectiva, la de salvarse unos y que se pierda el resto. La insistencia está marcada por la amenaza del castigo.

Lo que se mira, lo que se ve, duele, demanda de la mujer anónima de Lot sentimientos, rebeldías, misericordia por los que sufren y serán exterminados en la ciudad. Ella conoce lo que dirán quienes conocerán su historia "estúpida, desobediente" y aún más la acusarán de "curiosidad malsana". A través de estos verbos se da una inversión de su realidad, de su situación. Ahora es el mismo Dios que esculpe su figura; los verbos utilizados, labrar y tallar, son acciones de un artesano, de un artista. ¡Utilizando la sal! Un bien tan preciado en la antigüedad, moldeando un cuerpo, un rostro, una expresión corporal, una mirada... Los procesos de concientización nos causan dolor; la realidad y la condición en que vivimos es causa de sufrimiento. Sin embargo, estar abiertas/os a exponernos en esas situaciones, de entender la realidad, criticarla y recrearla vale la pena. La mujer de Lot se atrevió a experimentar misericordia, y el mismo Dios deja perpetuado en la historia una crítica al castigo, más bien reconocimiento de la misericordia que tal vez le enseñe a El algo distinto.

Habrá muchas otras preguntas que nos suscita el poema, y también muchas interpretaciones, sobre todo si lo estudiamos y analizamos en grupo, donde interactúan los distintos, complejos y ricos sujetos. El poema de Carlos Martínez Rivas, poeta nicaragüense, nos presenta otra sugestiva interpretación:

Beso para la mujer de Lot

Carlos Martínez Rivas

> *Y su mujer, habiendo vuelto la vista*
> *atrás, trocose en columna de sal.*
> Génesis, XIX, 26

Dime tú algo más.
¿Quién fue ese amante que burló al bueno de Lot
y quedó sepultado bajo el arco
caído y la ceniza?
¿Qué dardo te traspasó certero, cuando oíste
a los dos ángeles
recitando la preciosa nueva del perdón
para Lot y los suyos?

¿Enmudeciste pálida, suprimida; o fuiste
de aposento en aposento, fingiéndole
un rostro al regocijo de los justos y la prisa
de las sirvientas, sudorosas y limitadas?

Fue después que se hizo más difícil fingir.

Cuando marchabas detrás de todos,
remolona, tardía. Escuchando
    a lo lejos el silbido y el trueno, mientras
    el aire del castigo
ya rozaba tu suelta cabellera entrecana.

Y te volviste.

Extraño era, en la noche, esa parte
    abierta del cielo chisporroteando.
Casi alegre el espanto. Cohetes sobre Sodoma.
Oro y carmesí cayendo
    sobre la quilla de la ciudad a pique.

Hacia allá partían como flechas tus miradas,
    buscando... Y tal vez lo viste.
Porque el ojo de la mujer reconoce a su rey
    aun cuando las naciones tiemblen y los cielos lluevan fuego.

Toda la noche, ante tu cabeza cerrada
    de estatua, llovió azufre y fuego sobre Sodoma
        y Gomorra. Al alba, con el sol, la humareda
    subía de la tierra como el vaho de un horno.

Así colmaste la copa de la iniquidad.
Sobrepasando el castigo.
Usurpándolo a fuerza de desborde.

Era preciso hundirse, con el ídolo
    estúpido y dorado, con los dátiles,
        el decacordio
    y el ramito con hojas del cilantro.

¡Para no renacer!
Para que todo duerma, reducido a perpetuo
    montón de ceniza. Sin que surja
        de allí ningún Fénix aventajado.
Si todo pasó así, Señora, y yo
    he acertado contigo, eso no lo sabremos.

Pero una estatua de sal no es una Musa inoportuna.

Una esbelta reunión de minúsculas
entidades de sal corrosiva,
es cristaloides. Acetato. Aristas
   de expresión genuina. Y no la riente
colina aderezada por los ángeles.

La sospechosamente siempreverdeante Söar
   con el blanco y senil Lot, y las dos chicas
núbiles, delicadas y puercas.

El ingenio de Carlos Martínez Rivas muestra en este poema y otros, su interés en las referencias bíblicas con una clara voluntad de extrapolarlas, contrastarlas con la oficial interpretación, y al mismo tiempo hacer una identificación con la vida ética-social del mundo moderno. Este poema apareció en la única Antología de poesía del autor, retomando desde otra perspectiva el relato bíblico.

Los elementos de la destrucción de las ciudades, y contraponiendo la destrucción de muchos, con la *preciosa nueva del perdón para Lot y los suyos.* Levanta las sospechas sobre el actuar de la mujer de Lot, anónima e identificada únicamente por su relación al marido *¿enmudeciste pálida suprimida o fuiste de aposento en aposento, fingiéndole un rostro al regocijo de los justos...?* Plantea las preguntas que nos genera el texto, eso que no se dice, que se puede leer entre líneas. El protagonismo de esta mujer es recreado a partir del enfoque del poeta: ¿tenía un amante? ¿Quién burló al blanco y senil Lot?

Al igual que Gabriela Miranda, Martínez enmarca su atención en el *ver, mirar* de la mujer de Lot. Sus miradas se vuelven hacia la destrucción: "Hacia allá partían como flechas tus miradas, buscando... Y tal vez lo viste". Pero al contrario de Miranda, su mirada se enfoca sobre una persona, y no sobre el resto. La noche es descrita como el espacio y tiempo en que la desgracia cae, y ella sobrepasa el castigo. No hay redención posible, no hay resurgimiento como el fénix, aunque convertida en estatua de sal sigue siendo una musa. Su cabeza de estatua soporta fuego y azufre toda la noche, como testigo mudo e indeleble en el camino de huida a Sóar (pequeña), la ciudad donde Lot pidió dirigirse para salvarse. Decide volver al valle semejante al Jardín del Edén, de donde había salido en acuerdo con Abraham. Por eso Martínez Rivas dice *La sospechosamente siempreverdeante Söar,* como implica Gn. 13,10-11. ¿Qué implica ese retorno a Sóar? ¿El poeta contrapone Sóar a Sodoma y Gomorra, desde su perspectiva de perdón-castigo?

La esbelta silueta de sal no pierde su expresión genuina. ¿Cuál expresión? ¿De horror? ¿De resistencia y de posteridad burlando *la riente colina aderezada por los ángeles?* Para Martínez Rivas no todo termina con la mujer de Lot convertida en estatua de sal, ese elemento tan preciado en la cultura semita. Su último verso introducirá a las hijas de Lot, quienes tampoco tienen nombre, pero que son descritas como *las dos chicas núbiles, delicadas y puercas*. Las mismas que fueron ofrecidas en negociación por su padre a los habitantes de la ciudad en Gn 19,3-8. Martínez Rivas cerrará su poema con los adjetivos de núbiles para indicar su edad, pero también su sexualidad, delicadas por su condición de mujer, y puercas, posiblemente relacionándolas con lo narrado en Gn 19,30-38.

La relectura y el patriarcalismo de Martínez Rivas no nos dejan de hacer sonreír subrepticiamente a causa de su interpretación, aunque también nos hace leer con la hermenéutica de la sospecha su apreciación sobre las hijas de Lot. El tema de la sexualidad se advierte en la lectura poética que hace del relato de Gn. 19, y también se lee su juicio sobre estas mujeres al llamarlas puercas.

3

Examinando el manto, sus puntadas y cruzamientos

olvamos ahora al tema de género, pero sin soslayar la amplia
perspectiva que nos posibilitó abordar el tema del sujeto. Veamos,
entonces, en qué consiste la perspectiva de género para la relectura
del texto bíblico desde las vidas de las mujeres y los hombres como
sujetos en distintas situaciones.

Relectura bíblica con perspectiva de género: asumiendo el riesgo de existir y de ver

La perspectiva de género es una metodología de trabajo que nos ayuda
a visibilizar en el texto no sólo los personajes masculinos o femeninos,
con los distintos roles que distinguen a uno de otro, sino las estructuras
históricas de la cultura, política, economía y religión que se encuentran
en el mundo del texto bíblico, sea de la Biblia hebrea que hemos conocido
como Antiguo Testamento, o de la Biblia cristiana que contiene el Nuevo
Testamento.

Por supuesto que la teoría de género no pertenece al tiempo de la historia
bíblica; esto lo debemos de tener muy claro pero, siendo una teoría que
nos provee de una categoría de análisis para acercarnos al mundo bíblico,
se constituye una herramienta muy importante de acercamiento crítico y
recreativo. Nos acercamos al texto bíblico con preguntas, en la perspectiva

de percibir al texto como otro, con el que establezco una dinámica de interpelación mutua, diálogo, toma de distancia y de cercanía.

Ejemplo 1

El ejemplo que sigue de relectura bíblica con perspectiva de género, es producto de un trabajo colectivo en una jornada de *Relectura bíblica, género y cotidianidad* con un grupo amplio de participantes. Nuestra perspectiva de género se amplió con la perspectiva generacional trabajada por Manuel David Gómez Erazo, biblista colombiano con quien facilitamos este trabajo.

1) Escuchemos el texto... Voces del pasado!

Texto: Hechos 5,1-11

1 Un hombre llamado Ananías, de acuerdo con su mujer Safira, vendió una propiedad, 2 y se quedó con una parte del precio, sabiéndolo también su mujer; la otra parte la trajo y la puso a los pies de los apóstoles. 3 Pedro le dijo: «Ananías, ¿cómo es que Satanás llenó tu corazón para mentir al Espíritu Santo, y quedarte con parte del precio del campo? 4 ¿Es que mientras lo tenías no era tuyo, y una vez vendido no podías disponer del precio? ¿Por qué determinaste en tu corazón hacer esto? No has mentido a los hombres, sino a Dios.» 5 Al oír Ananías estas palabras, cayó y expiró. Y un gran temor se apoderó de cuantos lo oyeron. 6 Se levantaron los jóvenes, le amortajaron y le llevaron a enterrar. 7 Unas tres horas más tarde entró su mujer que ignoraba lo que había pasado. 8 Pedro le preguntó: «Dime, ¿habéis vendido en tanto el campo?» Ella respondió: «Sí, en eso.» 9 Y Pedro le replicó: «¿Cómo os habéis puesto de acuerdo para poner a prueba al Espíritu del Señor? Mira, aquí a la puerta están los pies de los que han enterrado a tu marido; ellos te llevarán a ti.» 10 Al instante ella cayó a sus pies y expiró. Entrando los jóvenes, la hallaron muerta, y la llevaron a enterrar junto a su marido. 11 Un gran temor se apoderó de toda la Iglesia y de todos cuantos oyeron esto.

2) Experimentando en la piel

- Somos esa comunidad. ¿Qué experimentamos al escuchar leyéndolo primero en voz alta y luego en silencio? Si miramos a nuestro alrededor ¿qué expresiones en los rostros y gestos corporales notamos? ¿Cómo nos sentimos como comunidad al experimentar este episodio? ¿Qué sentimientos nos invaden al perder a miembros de nuestra comunidad? ¿Qué pensamos como mujeres y jóvenes?

- Ritual "El peso del miedo". Quedemos en silencio, dialogando con nosotras y nosotros mismos/as, sintamos nuestras espaldas y nuestros hombros, miremos nuestros pies. ¿Cómo nos sentimos cuando nos invade el miedo? ¿Cuáles cosas nos producen temor?

3) Trabajando el texto... nada más que el texto y nosotros/as

- Delimitando el texto- escenas
  - Nuestro texto de estudio inicia en 5,1 y finaliza en 5,11.
  - Sin embargo, la unidad literaria inicia en el 4,32. O sea que nuestra unidad es 4,32-5,16.
  - Al interior de nuestro relato se hace una delimitación interna:

5,1-2	Un acuerdo común de la pareja
5,3-6	Pedro y Ananías
5,7-10	Pedro y Safira
5,11	La iglesia

- Personajes: ¿Quiénes? ¿Cómo se describen sus roles? ¿Qué hacen? ¿Qué dicen? Notar palabras claves y que las se repiten, qué no se dice, silencios claves
  - **Ananías:** Tiene derecho y gobierno sobre su propiedad. La vende (v. 1) y tiene intereses económicos en su venta— esconde una parte de la ganancia (v. 2). Desea tener buenas relaciones con la comunidad. Lleva la otra parte de la ganancia a los pies de Pedro (v. 3). Esos intereses económicos sobre la venta de la tierra son interpretados como acciones de Satanás (v.v. 3-4).
  - **Safira:** Apoya a su esposo, consciente de sus actos; es su cómplice (v.v. 1-2.9). El versículo 8 podría sugerir que fue ella quien le puso el precio a la propiedad.
  - **Pedro:** Autoritario, increpador, cuestionador, sanciona a la pareja de esposos, tiene la autoridad para hablar en nombre de Dios y en nombre de la comunidad. Su invocación a Dios y su resultado provocan miedo en la comunidad (v.v. 3-4.6.8-

9.11). Este es el personaje que más habla e interviene. La simbología de "los pies de los apóstoles" es de autoridad, cimiento de la comunidad misma.

- **Espíritu Santo:** al que se le miente.
- **Iglesia (Comunidad creyente):** Tiene mucho miedo (v.v. 5b.11).
- **Jóvenes:** Entierran los cuerpos. Las acciones sobre ellos son señaladas evocando crudeza como virtuales personajes que infunden temor, especialmente en el caso de la mujer (v.v. 6.9-10).

- Espacios y tiempos.

No hay alusión a un espacio geográfico, pero sí a unos lugares topográficos concretos que tienen directa relación con la tierra:

- Ananías y Safira vendieron una propiedad (v. 2).
- Ananías se queda con una parte del precio del campo (v. 3).
- A Safira se la increpa por el precio del campo (v. 8).
- Alusión a una casa donde se da la discusión (según los vv. 9.10, los jóvenes están en la puerta (*thýra*) y entraron (*eiselthóntes*) para enterrar a la muerta).
- Los jóvenes entierran los cuerpos de los esposos (v.v. 6.10).

- ¿Cuál es la trama del texto? ¿Cómo inicia? ¿Cuál es el problema? ¿Cómo se da atención al problema? ¿Cómo se resuelve? ¿Cómo termina?

Pedro, Ananías, Safira: relaciones entre género-institución

El texto establece con claridad la relación entre sus personajes: un nexo institución-género. Muestra cómo se dan ciertas diferencias para cada uno de los casos. Pero, a la hora de hacer una reflexión desde la perspectiva de género sobre la Biblia, se debe tener clara, como siempre, esta premisa: el texto bíblico es redactado, concebido y pensado en un ambiente absolutamente patriarcal-androcéntrico.

En el caso Pedro/Ananías es evidente cómo Pedro-varón ejerce control y poder sobre Ananías-varón. Ananías no se alcanza a defender, no tiene derecho a ser escuchado; simplemente es aniquilado. Ananías, siendo deshumanizado, refleja la situación concreta de un varón víctima del mismo sistema creado por otros varones, pero poderosos. Es un hombre a quien el sistema patriarcal le niega la vida. Los hombres también son víctimas del sistema androcéntrico-patriarcal al comportarse según otros esquemas culturales.

Safira es la primera mujer que aparece en Hechos ¿y es muerta? ¿Es que nuestro texto es uno de terror?[1] ¿Señala una doble exclusión por muerte súbita? ¿Se trata de un acto de poder cuando la norma que definía la comunidad es violada? ¿Es un milagro punitivo? ¿Una lección ejemplar del juicio de Dios?

Para el caso de Safira es interesante la reflexión de P. Richard: Safira es cuestionada por someterse al matrimonio patriarcal. La complicidad con su esposo no la deja ser libre frente al matrimonio: "el pecado de Safira no está en lo económico, sino en la forma de vivir su matrimonio. Lo que mata a Safira es el matrimonio patriarcal, que la somete a las intenciones de su marido".[2] Es una ruptura con la antigua comunidad patriarcal que no encaja en el modelo de comunidad cristiana donde la mujer tiene otra posición: la libertad de la discípula.

4) Ecoooooo!

• Lo que más nos ha impactado es representarlo a través de estatuas vivientes.[3] Esto nos permitirá dejar registrado en el tiempo el versículo, el personaje, la frase, el desenlace que nos provoca el texto, como una lectura corporal.

• Nuestros hallazgos: Nos acercamos al texto con toda nuestra corporalidad y sentimientos: ¿qué propósito literario pueden cumplir las expresiones de la "comunidad que tiene todo en

---

1 Phyilis Tribel, teóloga feminista norteamericana conocida por su invaluable obra *Texts of Terror. Literary-Feminist Readings of Biblical Narratives. (Textos de terror. (Textos de terror. Lecturas literarias y feministas de relatos bíblicos). Philadelphia: Fortress Press, 1984.*
2 Richard. *El movimiento de Jesús antes de la Iglesia. San José: DEI, 1998,* 64.
3 La técnica de "estatuas vivientes" es parte de lo que se conoce como el teatro del oprimido (TDO). El dramaturgo y pedagogo teatral brasileño Augusto Boal lo promovió en la década de 1960 como teatro crítico que aportó la participación colectiva, enfocado a la relación actor-audiencia.

común" (Hch 4,32-37), "la transacción de la venta", "un gran miedo"?

- Nuestras preguntas: ¿Qué propuesta de comunidad se presenta en estos primeros capítulos de Hechos de los Apóstoles? ¿Era única en el contexto? Si no fuera así, ¿cuál sería su particularidad? ¿Cuál es realmente el problema en el texto? ¿El pecado de la avaricia? ¿La mentira?

- Ritual: "Comenzar a erguirse" , poco a poco movamos nuestros pies, nuestras rodillas, nuestras piernas, nuestra espalda y hombros, alcemos la cabeza.

5) Volvamos al texto... más a fondo

- Nuevos hallazgos a partir del enfoque de género. ¿Cuáles eran las normas, creencias, valores, símbolos que componían la cultura? ¿Cuáles eran los procesos para mantener el control y el orden? ¿Qué ideologías encontramos en el texto? ¿De qué hace uso la redacción de Hechos de los Apóstoles?

- ¿Surgen nuevas preguntas? ¿Qué información se nos da a nivel político, económico, religioso, cultural? ¿Cómo se administraban los bienes de la comunidad? ¿Una mujer podía heredar y entregar su herencia?¿Cuál era el sistema social detrás del texto? ¿Por qué habla de los jóvenes?

- Nuestra propuesta de lectura hermenéutica desde el género y generación.

La narración ubicada en Hch 5,1-11 muestra un tejido en las relaciones. Hay un apóstol, Pedro, la pareja de esposos Safira y Ananías, unos jóvenes, una comunidad, el Espíritu Santo, Dios y Satanás. ¿De qué se trata propiamente la perícopa?

Ananías vende una propiedad, se queda con una parte del precio y entrega a los apóstoles la otra, reteniendo una parte de las ganancias. Todo hace en complicidad con su esposa Safira[4] (vv. 1-2). Pedro confronta fuertemente a Ananías y le autoriza disponer

---

4 Llama la atención el énfasis en la complicidad (acuerdo con la esposa según vv. 1-2.9). Pareja, Dios, Satanás, mentira, expulsión... el relato recuerda el incidente de la mujer y el hombre en el paraíso según Gn. 3.

de su negocio (vv. 3-6). Piensa que Satanás lo tentó y por esa razón mintió a Dios. Ananías muere. Los creyentes se aterrorizan y los jóvenes sepultan su cadáver.

Luego Pedro cuestiona a Safira y ella responde a la pregunta de Pedro para confirmar la falta (vv. 7-10). La pareja de esposos prueba a Dios. Los jóvenes entierran el cadáver de Safira. Al final, el terror se apodera de la comunidad de creyentes, llamada ya "Iglesia".

Hay distintas puertas y ventanas de acercamiento al texto, Corina Combet-Galland, biblista francesa, plantea una ventana de entrada al texto: ¿Es un milagro a la inversa? Definitivamente no es el milagro usual en la obra lucana, con el apóstol Pedro. Otros dirán que es un acto punitivo demasiado fuerte. Otros plantean otra entrada al texto a partir de releerlo a la luz de Gn 2-3: Adán y Eva como relato originario de fe, y la ruptura que se experimenta por la decisión de comer el fruto prohibido en el paraíso. Es así que Ananías y Safira se les entenderán como la pareja originaria de las primeras comunidades, específicamente de la iglesia (primera vez que se le llama como tal en Hechos) que surge del conflicto, de una ruptura. Safira, que es identificada por su nombre, es la esposa del que vende en el v.1, y versículos después es definida como co-autora del hecho (v.8).

Transacciones como compra de tierra y cartas de divorcio eran usuales en dicho tiempo. Para esto se requería las firmas del matrimonio (de ser el caso), y la acostumbrada costumbre de la firma de tres testigos. La mujer podía firmar documentos tanto como propietaria o como esposa del dueño. Esto era posible debido a la dote o *kethuba*. Esta dote era necesaria para el contrato del matrimonio, y se constituía en derecho conyugal sobre los bienes. De tal forma que Safira tuvo que haber renunciado a su derecho de *kethuba*, al aceptar vender la propiedad.

Se nos dice también que ella, junto a su marido, era parte de la comunidad, y la práctica de poner los bienes a disposición de la comunidad, para que no hubiera ningún necesitado/a, era decisión de cada persona que tenía esa posibilidad y quería pertenecer a la comunidad. El aporte de Ivone Richter Reimer, biblista brasileña, agregará que incluso podía no venderse la propiedad, sino ponerla a la disposición. Esta práctica no puede leerse sin tener en cuenta a Bernabé en el capítulo anterior.

¿Entonces, en qué consistió el pecado de esa pareja en la comunidad? Generalmente se entiende el hecho de haber transgredido una práctica de la comunidad. Se ha defraudado en el más amplio sentido de la palabra al colectivo, con el que se convive en el tiempo litúrgico, catequético, de práctica alternativa al sistema de la época.

No se pueden pasar por alto los roles de género. ¿Safira tenía otras alternativas a este "acuerdo" con Ananías? Cuando estudiamos este texto con los grupos de mujeres, dicen con mucho empeño, que no tenía otras salidas posibles en el sistema patriarcal de la época. Los procesos de definirnos y constituirnos como sujetos de nuestra propia historia, no son muy fáciles, sobre todo cuando no es sólo la institución del matrimonio, sino los procesos de jerarquización de la comunidad de fe que se constituye al final del relato en *iglesia*.

¿Es posible pensar que dicho acontecimiento narrado en nuestro texto de estudio, muestre una manera diferente de entender la comunidad de creyentes? La ruptura y quiebre del ideal comunitario se confirmará dos veces en nuestra perícopa, en el v. 5b y el v.11 confirmando el miedo/temor en los y las presentes, y más allá de ella.

La historia está envuelta en ropajes no sólo económicos, sino teológicos y eclesiales. Gómez Erazo nos provoca con una sugerente interpretación desde la perspectiva generacional:

Los olvidados de la historia: los jóvenes

En mucha de la literatura sobre esta perícopa, y a la hora de trabajar este relato en comunidades bíblicas, los jóvenes no alcanzan a figurar ni a un tercer plano. Son totalmente anulados. No se estudian ni se contemplan. No parecen ser personajes.

En el pasaje, los jóvenes aparecen como unos espectadores cuasipasivos del acontecer entre la comunidad-institución-iglesia cristiana representada en Pedro, y quienes se podrían llamar, por el horizonte hermenéutico que preocupa en este momento, "adultos" dentro de la comunidad. Pero son un par de mayores que obran indebidamente ante la comunidad y ante Dios.

Los "muchachos" deben enterrar cadáveres una, y luego, otra vez (v.v. 5,6.9-10), describiendo crudamente las acciones, a quienes representan la comunidad equivocada del hoy. Devela cómo los jóvenes no sólo son testigos del deterioro del tejido social de una comunidad reemplazada por el bienestar individual, sino también cómo son ellos quienes llevan a cuestas las consecuencias, las asumen y las "entierran", cuando, como lo dice el relato, están pisando el "umbral de la puerta" que abre a la realidad (v. 9).

Después de ello dice el último versículo que toda la iglesia y cuantos se enteraron, (¿incluidos ahí los muchachos?) quedaron *llenos de temor* derivado de dos causas, desde esta perspectiva:

- Por ver cómo quienes pretenden defraudar la institucionalidad del orden en el que viven terminan en últimas consigo mismos ó

- Por ver el poder de la institucionalidad, manifestada en este caso a través de la iglesia, de ejercer su dominio para re-establecer un orden alterado según su propio interés, inclusive con medidas contundentes, persiguiendo un fin para muchos valioso, a pesar de los medios, en tanto el poder de las instituciones se utiliza para destruirlo todo.

El hecho es que, a los muchachos del relato, se les infunde la expresión de poder de la institución manifiesta en el temor.

Para este caso no se ve en el relato una intencionalidad pedagógica, un "miedo benéfico" como lo llama J. Fitzmyer. Más bien es una viva y evidente representación a escala de la preponderancia que comienzan a jugar las personas como Pedro, que en la primera iglesia son instituciones y representan a la institución como tal. Ejercen el poder conferido por la misma organización para responder a situaciones que subvierten el orden y la experiencia de la *koinonía* original.

En los jóvenes podría haber una teología

En las dos alusiones a los jóvenes, se observan dos palabras griegas distintas.[5] En el v. 6 se les llama "los más nuevos" (*neóteroi*) y en el v. 10 se les denomina propiamente "los jóvenes" (*neanískoi*). ¿Lucas, en su teología, da algún tipo de significado a la palabra "joven"? Usa la expresión en otras ocasiones:

---

5 Richard. *El movimiento de Jesús antes de la Iglesia,* 64.

Y acercándose,
tocó el féretro;
y los que lo llevaban se detuvieron.
Y dijo:
Joven (**neaníske**),
a ti te digo,
levántate (Lc 7,14).

…mas no así vosotros,
sino sea el mayor entre vosotros
como el más joven (**neóteros**),
y el que dirige, como el que sirve (Lc 22,26).

Y en los postreros días,
dice Dios,
Derramaré de mi Espíritu
sobre toda carne,
Y vuestros hijos y vuestras hijas
profetizarán;
Vuestros jóvenes (**neanískoi**)
verán visiones,
Y vuestros ancianos
soñarán sueños. (Hch 2,17)

Él entonces tomándole,
le llevó al tribuno,
y dijo:
El preso Pablo me llamó
y me rogó que trajese ante ti a este joven (**neanískon**),
que tiene algo que hablarte…
Entonces el tribuno despidió al joven (**neanískon**),
mandándole que a nadie dijese
que le había dado aviso de esto. (Hch 23,18.22)

Incluso, fuera del contexto lucano, vale la pena mencionar otra referencia para ampliar la concepción:

Os escribo a vosotros,
padres,
porque conocéis al que es desde el principio.
Os escribo a vosotros,

Jóvenes (**neanískoi**),
porque habéis vencido al maligno.
Os escribo a vosotros,
hijitos,
porque habéis conocido al Padre.
Os he escrito a vosotros,
padres,
porque habéis conocido al que es desde el principio.
Os he escrito a vosotros,
Jóvenes (**neanískoi**),
porque sois fuertes,
y la palabra de Dios permanece en vosotros,
y habéis vencido al maligno. (1 Jn 2,13-14)

Los jóvenes están relacionados con la propagación de la vida, en función de lo Nuevo, de la Novedad del Reinado. Aunque la imagen cruel del entierro de cadáveres prevalece, el significado es profundo. Es la negación de lo que proporciona la muerte en la comunidad cristiana. No cabe duda que estos jóvenes en el relato de Lucas representan la comunidad del futuro, aquella comunidad que Ananías y Safira no quieren aceptar, por su apego a la vieja institucionalidad del Templo y de la Ley. Son los jóvenes los que entierran el viejo proyecto de Ananías y Safira y aseguran la consolidación de la nueva comunidad.[6]

Aparentemente hay un juego de palabras. En medio de la muerte de Ananías y Safira un verbo define la actitud de los jóvenes:

(5a) Al oír Ananías estas palabras, **cayó y expiró**

> (v. 6) **Se levantaron** (*anastántes*) los **jóvenes** (*neóteroi*), le amortajaron y le llevaron a enterrar

(v. 10) Al instante ella cayó a sus pies y **expiró** (*exépsyxen*)

Es el inicio, la **resurrección** de lo nuevo/novedoso- que sepulta lo viejo/muerto (es lo totalmente joven (v. 10) que da sepultura a lo que no deja circular la vida (v. 10b).

---

6 Richard. *El movimiento de Jesús antes de la Iglesia,* 64.

La irrupción de lo nuevo[7]

Si los jóvenes son la imagen de la Nueva Comunidad, entonces, la comunidad lucana redactora de los dos volúmenes (Lc-Hch) testimonia una novedad: los seguidores de Jesús forman el nuevo Israel (Lc 13,29-30):

- Por ese motivo, después de la traición de Judas, se escoge a Matías para rehacer el número de los doce patriarcas de la nueva alianza (Hch 1,22).

- La nueva forma de ser fiel a Dios comienza a germinar en Jerusalén, la ciudad de la alianza, pero en un espacio fuera del antiguo templo.

- Lo nuevo surge en las comunidades, reunidas en comunión fraterna, en la oración, en la fracción del pan y de los bienes.

- Los seguidores de Jesús viven esta novedad ante el pueblo, y el testimonio de la Palabra afecta gradualmente al mundo entero (Hch 19, 20).

- La comunidad reunida es el verdadero templo de Dios (Hch 1,12-14; 2,42-47; 4,23-31).

Pero, aunque toda novedad atrae simpatías (Hch 2,44), también provoca muchas antipatías por parte de quienes pierden el dominio sobre las personas:

- Las autoridades quieren sofocar inmediatamente esta novedad (Hch 4,1-23).

- También en la propia comunidad había personas que no querían vivir la propuesta nueva en su radicalidad. Intentan engañar, reteniendo las cosas para sí mismas (Hch 5,1-11).

- No se dan cuenta de que no sólo están engañando a la comunidad sino también al propio Dios, desafiando la acción del Espíritu (Hch 5,4.9).

---

7 Esta sección final está basada en la reflexión de Carlos Mesters, Equipo Bíblico CRB, *Vivir y anunciar la Palabra: Las primeras comunidades. Navarra: Verbo Divino, 2001,* 123, siguiendo la línea de lo joven/novedoso.

Las dos vertientes de amenazas hacen que la comunidad corra grandes riesgos. Por un lado, está la tentación de huir de la persecución. Por otro, las disputas internas disminuyen la fuerza del mensaje del Evangelio. Los cristianos no traducen en gestos concretos su fe en Jesús, y se burlan de las exigencias más radicales, como Ananías y Safira.

6. Celebrando

• Canto comunitario
• Gesto o palabra donde afirmemos la vida plena y la inclusión de todas y todos.

Leamos el poema *Aprendiendo a leer*, y analicémoslo desde las experiencias de las mujeres en la actualidad.

Aprendiendo a leer

Y anhelaba leer mi Biblia,
  por las preciosas palabras que contenía;
pero cuando comencé a estudiarla
  la gente meneó la cabeza.
      Y dijeron que no valía la pena intentarlo,
-¡Oh, Cloe!, llegas demasiado tarde;
  pero yo rondaba los sesenta años,
      y no tenía tiempo que perder,
así que conseguí unas gafas
  y me puse a trabajar,
  y no paré hasta poder leer
      los Himnos y el Testamento.
Luego conseguí un pequeño gabinete
  -un lugar que pudiera considerar propio-
y me sentí independiente como la reina sobre
  su trono[8].

---

8 Fragmento del poema *"Learning to Read"* de Frances E. W. Harper en *Complete poems of Frances E. W. Harper*. New York: Oxford University Press, 2008.

Reflexionemos preguntándonos:

- ¿Vale la pena leer la Biblia hoy? ¿Por qué?

- ¿Qué gafas utilizamos para leer los textos? ¿Son nuestras o son ajenas? ¿Nos las imponen o las escogemos nosotros según nuestras necesidades?

- ¿En que condiciones leemos la Biblia? ¿Cómo nos gustaría hacerlo?

- ¿Tenemos oportunidad de escoger el modo, el tiempo y el lugar para leer los textos bíblicos? ¿Por qué?

Una habitación propia

Una de las más destacadas escritoras del siglo pasado, Virginia Woolf, escribió una pequeña obra llamada *Una habitación propia*. En este libro Woolf confirma la relación que hay entre realidad y literatura. Esta realidad es la de las mujeres que necesitan un espacio para escribir, y también recursos. Veamos algunos extractos de la obra:

> Y puesto que las novelas tienen esta analogía con la vida real, sus valores son hasta cierto punto los de la vida real. Pero muy a menudo, es evidente, los valores de las mujeres difieren de los que ha implantado el otro sexo; es natural que sea así. No obstante, son los valores masculinos los que prevalecen. Hablando crudamente, el fútbol y el deporte son «importantes»; la adoración de la moda, la compra de vestidos, «triviales». Y estos valores son inevitablemente transferidos de la vida real a la literatura. Este libro es importante, el crítico da por descontado, porque trata de la guerra. Este otro es insignificante porque trata de los sentimientos de mujeres sentadas en un salón. Una escena que transcurre en un campo de batalla es más importante que una que transcurre en una tienda. En todos los terrenos y con mucha más sutileza persiste la diferencia de valores.[9]

Como podemos observar, Virginia tiene muy claro que la realidad que viven las mujeres está anclada en valores que han sido asignados por otros, es decir, que se les ha privado de ser auténticos sujetos. La tendencia

---

9 Virginia Woolf, *Una habitación propia*, Barcelona: Seix Barral, 1967 y 2008, 54.

es asumir que es natural que sea así. Sin embargo, hay una crítica a esta diferencia de valores, que aparece también en la literatura de la época, por lo que se hace necesaria una lectura crítica de la literatura.

> La lectura y la crítica han abierto posiblemente a la mujer nuevos horizontes, le han dado mayor sutileza. El impulso hacia la autobiografía quizá ya se haya consumido. Quizás ahora la mujer está empezando a utilizar la escritura como un arte, no como un medio de auto-expresión. Entre estas nuevas novelas quizá se pueda encontrar respuesta a varias de estas preguntas.[10]

La experiencia de la lectora o el lector de la Biblia genera también un espacio, tiempo que se hace muy particular en los procesos de relectura, de hermenéutica bíblica. También generamos nuestro "cuarto propio", donde encontramos no sólo identidad, sino también afirmaciones, contradicciones y procesos de búsqueda. Nos hacemos sujetos en nuestra habitación propia, más nunca con las puertas y las ventanas cerradas. Hay que ventilar nuestra habitación para que podamos relacionarnos con el mundo.

La perspectiva de género: explorando los cruzamientos de las puntadas del tejido

Leer la Biblia desde la perspectiva de género es *mirar de otra manera* los textos bíblicos, aunque *nos duelan los ojos*. Algunos ejes de lectura son oportunos:

- El pueblo creyente lee la Biblia, y por lo tanto se ve confrontado por una diversidad de interpretaciones y formas de estudiarla.

- Algunos textos bíblicos se han considerado normativos e incuestionables para enseñar sobre la conducta y la participación de mujeres y varones en los distintos ámbitos de la vida cotidiana.

- Muchas interpretaciones afectan especialmente a las mujeres, por el lugar que se les ha asignado en la vida social humana.

- Nuestra imagen y concepción de la autoridad de la Biblia depende en gran parte de las experiencias fructíferas o

---

10 Ibíd., 58.

frustrantes que hayamos vivido. Muchas veces creemos que nuestras concepciones de la Biblia son inocentes, ingenuas y desligadas del deseo de otras/os, de concepciones ideológicas sutiles, o simplemente están poco analizadas desde los roles de socialización.

• La autoridad de la Biblia y su carácter normativo tiene una consecuencia ética de vida cotidiana y de relaciones sociales. Cuando aceptamos la autoridad de la Biblia, nos vemos inclinados a una acción o práctica en la que debe guiarnos la vida de las personas y de la creación, donde la verdadera palabra crea, hace justicia y transforma.

Todas y todos somos intérpretes del texto bíblico; partimos de nuestra realidad para iluminar otra forma de comprender la Palabra de Dios y transformar nuestra situación de humanos y humanas. Es un ir y venir, es un viaje que hacemos en el proceso de la interpretación bíblica, no para volver a la misma realidad, haciendo un giro de 360 grados, sino que buscamos generar otra realidad donde imperen otros valores para todas y todos.

Entonces, como expresa Irene Foulkes:

...toda lectura de la Biblia es una relectura, es decir, un nuevo acercamiento a las Escrituras, con preguntas nuevas que surgen de las condiciones en el mundo y de la vida de las personas.[11]

Estas condiciones del mundo y de la vida de las personas, de las que habla la profesora Foulkes, tendrán un sesgo muy visible con relación a las mujeres. Quienes trabajamos con esta perspectiva de género tenemos interés por el trabajo con mujeres, pues reconocemos en ellas muchas de las tareas educativas en la familia, sus contribuciones a los ministerios eclesiales, y su aportación a la economía familiar y hasta de la nación.

Una de las cuestiones que surge constantemente de los trabajos con grupos es que esta relectura bíblica desde la perspectiva de género reclama la inclusión de los hombres en los procesos de formación con ese *mirar de otra manera.*

---

11 Irene Foulkes, *Primeros pasos en la relectura bíblica desde la perspectiva de género.* Quito: CLAI, 4.

La teoría de género también se ocupa de las masculinidades construidas, y provee herramientas de análisis para generar procesos de transformación, en busca de la equidad de género, para la construcción de una sociedad diferente. Este paso es importante. Sin embargo, hay que tener cuidado con seguir perpetuando mentalidades dualistas sobre las diferencias "femeninas" y "masculinas", sin tener en cuenta las relaciones de poder y otras formas que emergen en el contexto.

Políticas de género y categorías para tener en cuenta en la relectura bíblica

No podemos obviar las categorías básicas para el trabajo bíblico desde la hermenéutica feminista, tales como patriarcado y kyriarcado.

Patriarcado: análisis de la dominación masculina en la sociedad, que determina las formas de marginación, deshumanización y explotación en las diferentes esferas sociales de la vida. Cualquier definición de patriarcado adquiere las experiencias de su propio contexto histórico.

Elisabeth Schüssler Fiorenza define el patriarcado como el sistema socio-cultural en el cual unos pocos hombres tienen poder sobre otros hombres, mujeres, niños, esclavos y pueblos colonizados. También agrega que, como un complejo sistema ideológico, económico y político de dominación de sexo, raza, clase, cultura y religión, afecta a las mujeres diferentemente.[12]

Kyriarcado: Neologismo acuñado por Elisabeth Schüssler Fiorenza y definido como sistema sociopolítico de dominación en el que los varones hacendados y cultos, pertenecientes a la élite, disfrutan del poder sobre todas las mujeres, así como sobre los demás varones. La mejor manera de conceptuarlo es como un complejo sistema piramidal de entrelazadas y multiplicativas estructuras sociales de dominio y subordinación, de mando y opresión.[13]

La dinámica de los roles masculinos y femeninos es también importante para mantener el sistema patriarcal. En los textos del Nuevo Testamento

---

12 Hisako Kinukawa, *Women and Jesus in Mark, A Japanese Feminist Perspective*. New York: Orbis Books, 13 (traducción del inglés es mía).

13 Cfr. Schüssler Fiorenza, *Los caminos de la sabiduría*, Santander: Sal Terrae, 2001, 277.

se establece la dinámica honor-vergüenza, donde los hombres deben defender su estatus o lugar social, su honor. El papel de las mujeres consiste en preservar la conciencia de los límites o vergüenza.

En la sociedad de la Biblia, donde los valores como honor y vergüenza son pivotes, tiene mucha importancia la manera en que las personas ven a las/os demás y la reputación que se posee. Las personas se constituyen a partir de las expectativas de las/os otros.

Considerar a las personas como buenas o malas depende de las conductas o comportamientos que les otorguen honor o vergüenza. Lo que no hay que olvidar es que estos comportamientos se establecen en condiciones de asimetría y de relaciones de poder desiguales, donde a la mujer se le excluye del poder.

Buscando romper el silencio y leer entre líneas, se hace necesario investigar, usar y recrear algunos pasos de la interpretación bíblica:

- Evocar desde la memoria a las mujeres en la Biblia. Algunas veces esta memoria puede ser explícita, otras veces habrá que leer entre líneas.

- Redescubrir toda la información sobre las mujeres, tanto canónica como extra canónica e intercultural.

En la sección que sigue plantearemos una de las herramientas del proceso de relectura bíblica.

Instrumentos: hermenéutica feminista de liberación

La hermenéutica feminista trata de liberar el texto bíblico de la interpretación tradicional, dando lugar a una fuerza liberadora capaz de generar una práctica diferente en las comunidades cristianas y en la sociedad. Sin embargo, esta fuerza liberadora con la que analizamos los textos, no siempre logra los resultados esperados. Es decir, tenemos que enfrentar la realidad de que los textos son reforzadores de una estructura kyriarcal, como el caso de I Timoteo, entre otros de los dos Testamentos.

Hay textos que refuerzan la estructura patriarcal de poder y las lecturas e interpretaciones expresan una sinergia con ellos. De esta forma contribuyen a fortalecer modelos de conducta en las mujeres;

que reafirman la sumisión ante situaciones de dominación y hasta de violencia. Por otro lado, consolidan la interpretación del hombre como superior a las mujeres y a toda la creación; a partir de esta idea se vuelven incuestionables algunas prácticas y tradiciones teológicas.

No podemos abandonar este esfuerzo de liberar al texto de todo lo que lo empequeñece y restringe, aunque debemos comprender que el hecho de interpretar los textos desde la perspectiva de género no siempre permite superar todas las interpretaciones patriarcales. Aun así, estamos invitadas/os a visibilizar esos *cruzamientos de las puntadas*, lo que hay debajo de la estrategia del texto, para emanciparlos y reelaborarlos, señalando precisamente estos cruzamientos, haciendo una interpretación adecuada al momento presente de las mujeres y los hombres de nuestras comunidades.

Una de las tendencias provocadas por la cultura patriarcal y el dominio androcéntrico al releer las Escrituras es fijar estereotipos o modelos de mujeres, dividiéndolas en buenas y malas. Así encontramos a nuestras madres bíblicas inscritas en estas corrientes: Eva, la madre de las/os vivientes, la mala, la tentadora; María, la madre del Salvador del mundo, como modelo en oposición a Eva. Muchas de estas interpretaciones han sido fundamento de las doctrinas eclesiales y han tenido su influencia en la propia cultura.

Una de las formas empleadas para rescatar a las mujeres bíblicas ha sido recuperar de los relatos sagrados a las que consideramos "buenas" o "heroínas". Esta es una tarea meritoria, pero es insuficiente. El rescate de la memoria de las distintas mujeres de la Biblia es importante, incluso trabajando los textos más difíciles, aquellos denominados *textos de terror* en los que es sumamente complejo advertir algún mensaje positivo.

Los cruzamientos de las puntadas o nudos debajo del tejido nos dan mucha información de los distintos contextos que hay que tener en cuenta: el rol de las instituciones constituidas en los dos Testamentos, la historia, las formas de gobierno, quién o quiénes tienen a su cargo la toma de decisiones y cómo afectan a la vida de las mujeres y de las comunidades estas decisiones. Una de las tareas de la hermenéutica feminista de liberación es enfrentarnos con el texto provistas/os de algunas herramientas para hacer un trabajo de excavación, limpieza cuidadosa y exposición.

La tarea pastoral debe acompañar a este proceso hermenéutico feminista, pues de otra forma el trabajo quedaría incompleto. Esta tarea pastoral debe entenderse también pedagógicamente, porque lo que estamos acompañando son procesos de aprendizaje y desaprendizaje. Es así que la invitación a la caminata no sólo es con grupos de mujeres, sino también con grupos mixtos, es decir, donde estén presentes hombres, de tal forma que caminemos juntas/os por la espiritualidad sororaria de búsqueda de convivencia alternativa. Esta mixtura en los desafíos que nos presenta la sociedad hoy nos interpela incluso a ir más allá de esa concepción binaria del género, y abrir nuestras mentalidades a la diversidad en todos sus sentidos.

Elsa Tamez aborda ampliamente la hermenéutica feminista a partir de un estudio sobre las mujeres líderes del siglo I d.C. A continuación Elsa nos muestra de forma clara el propósito de su obra *Hermenéuticas de Gracia y Liberación:*

> Muchas mujeres afirmamos que en la Biblia, de alguna manera, encontramos liberación y dignificación, para todos, incluso para las mujeres… ¿Existieron realmente líderes mujeres en los orígenes del cristianismo, como fundadoras de comunidades cristianas y propagadoras de la fe cristiana? La respuesta, desde mi punto de vista, es afirmativa. Sí, hay un gran número de mujeres líderes en los inicios del cristianismo, más de las que podríamos imaginar. Pero para llegar a esta afirmación, la lectura que hacemos de la Biblia debe tomar otros rumbos.[14]

Premisas para una hermenéutica feminista

Algunas premisas para una hermenéutica feminista de gracia y liberación, según Elsa Tamez:

- La Biblia, para los cristianos/as, es un libro en el que hay revelación de Dios. De manera que la revelación divina parte de experiencias de vida concretas, dentro de procesos sociales y culturales, en tiempos, lugares y circunstancias diferentes. Por eso se ha dicho que hay una Biblia y muchas voces.

- La cultura donde acontece la revelación divina es predominantemente patriarcal y androcéntrica, es decir, se ve natural que todo gire alrededor del varón, jefe del clan o de la familia. La Biblia

---

14 Elsa Tamez, *Hermenéuticas de gracia y liberación*. Aportes Bíblicos No. 6 y 7. San José: SEBILA, 2008, 52.

es un escrito elaborado sobre todo por varones en una cultura patriarcal. Refleja, por lo tanto, esa cultura en muchos aspectos.

- Sin embargo, hay un hilo que va tejiendo desde el principio, una voz que interesa a las mujeres y a los marginados; es una voz de gracia, misericordia y liberación. Un pueblo es liberado de la esclavitud del Imperio Egipcio, cosa que lo marca de por vida, y un judío, acompañado de un puñado de seguidores, proclama y da su vida por un reinado diferente: el Reinado de Dios. Este judío, crucificado por el Imperio Romano, pero resucitado por Dios, se convirtió, hasta hoy, en la esperanza de muchos no judíos.

- Por lo tanto, estos dos aspectos: la cultura patriarcal y la revelación liberadora, nos llevan a concluir que las mujeres necesitamos una hermenéutica que distinga entre lo cultural y patriarcal y el amor de Dios a sus criaturas. La hermenéutica más apropiada para leer entre líneas lo que el texto dice sobre las mujeres es la que se llama del silencio o de la sospecha, y al mismo tiempo, la que hace, en lo posible, un acercamiento permeado por la perspectiva de gracia y liberación que debieran ser el corazón del texto sagrado para los cristianos y cristianas.

No hay que olvidar que desde nuestra tradición evangélica, contamos con la posibilidad de orientar nuestras vidas también a través de la acción del Espíritu (el cual es una imagen femenina) y que Este no está limitado por la revelación bíblica sino por su fluir en la convivencia de la fe de las comunidades. Es posible abrirnos al Espíritu por encima de la revelación para encontrar otros caminos más justos del mismo modo como hicieron las comunidades del movimiento de Jesús.

La hermenéutica de la sospecha como punto de partida de la hermenéutica feminista de liberación

El trabajo bíblico de la teóloga feminista Elisabeth Schüssler Fiorenza ha sido fundamental para entender el cristianismo primitivo.[15] Así mismo su aporte teórico y práctico para la interpretación feminista de liberación es base para nuestras reflexiones.

---

15 Elizabeth Schussler Fiorenza, *En memoria de ella: Una reconstrucción teológica feminista de los orígenes del cristianismo.* Bilbao: Descleé de Brouwer, 1989.

Partimos de un trabajo bíblico feminista que debe empezar por la hermenéutica de la sospecha, es decir, hacerse preguntas sobre lo que se lee, interrogarse; no sólo dejarse interpelar, sino interpelar al mensaje leído. Es una hermenéutica que intenta colocar los textos bíblicos en una actitud de advertencia. Indaga las funciones ideológicas que desempeñan los relatos al servicio de la dominación masculina. Cuestiona y desmitifica las estructuras de dominación inscritas en los textos bíblicos, en nuestra propia experiencia de lectoras/es y en los contextos contemporáneos de interpretación. Podríamos resumirlo así:

- Hermenéutica de la sospecha aplicada fundamentalmente a textos gramaticalmente masculinos, con el fin de ver lo que hay detrás del texto y develar sus funciones ideológicas.

- Comentarios e interpretaciones contemporáneas de los textos, junto con la historia de su interpretación.

- Nuestras propias suposiciones, pre-comprensiones, prejuicios y sistemas de valores del sentido común.

Comunidad de seguimiento de iguales

Cuando hablamos de comunidad de seguimiento de iguales nos referimos a las mujeres cristianas de hoy, sujetos con todo el rigor, el coraje y la sabiduría que les caracteriza en medio de sociedades e iglesias lideradas masculinamente. Ellas se consideran seguidoras de Jesús y desean vivir ese "discipulado de iguales" en el corazón de la propia comunidad, la asamblea de discípulas/os del Maestro, como un desafío crítico a las estructuras patriarcales existentes. Ellas son sujetos inconformes con las estructuras eclesiales en desacuerdo con el Evangelio; son sujetos que protagonizan un espacio hermenéutico adecuado para el anuncio, la denuncia y para la apropiación de la Buena Nueva anunciada por Jesús.

Es muy útil este esquema para entender esta propuesta de la comunidad de iguales:

Ekkesía de las mujeres

PROCESO DEMOCRÁTICO

Sufragio universal
Igualdad de acceso
Igualdad de respeto
Igualdad de derechos
Igualdad de bienestar

Igualda política
Igualdad económica
Igualdad social
Igualdad religiosa

Heterogeneidad
Inclusividad
Participación
Autodeterminación
Liderazgo alternante

PROCESO DEMOCRÁTICO

Como visión democrática

Por eso una "hermenéutica de la memoria", una "hermenéutica del anuncio", una "hermenéutica de la apropiación", deben ser desarrolladas para transmitir y concretar hoy, de modo político-práctico, el poder liberador del Evangelio.

Requiere una hermenéutica de la memoria de la sabiduría que ha construido una casa y ha preparado la mesa para todas y todos. La hermenéutica del anuncio se constata en la invitación explícita *Venid y comed de mi pan, bebed el vino que os he preparado.* Por último, una hermenéutica de la apropiación es la evidencia de que profetas y profetizas, poetas y poetisas, mensajeros y mensajeras, creadoras y creadores, comunicadoras y comunicadores de la comunidad de seguimiento de iguales, se apropian del anuncio de sabiduría, y se reúnen alrededor de la mesa inclusiva, donde todas pueden verse los rostros, tocarse los cuerpos, reanimarse celebrando vida abundante.

Gabriela Miranda, teóloga feminista mexicana, nos ofrece una hermosa visión de esa sabiduría femenina presente antes que todo fuera, hablando con susurros y a veces silenciada.

Desde la ausencia

Estábamos ahí,
tanto o antes de que todo se gestara,
hablábamos poco y encima nos silenciaron.

Nuestros nombres no son ostensibles
porque no les parecieron importantes.
En esta historia salvífica de nombres
- yahvé, moisés, abraham, israel, david, jesús, pablo-
los nuestros fueron echados al olvido.

Pero estábamos ahí,
fieles y sufrientes como ellos.
Somos parte de la historia,
la parimos,
tal como parimos a sus hombres.
Decir que nada tuvimos que ver
es una locura, una falsedad, una injusticia.
No somos la Otra historia, somos la Una también.

Ahí estábamos
¿jugando qué papel según ustedes,
la caída, la desviación, la ruptura?
¿somos eva, sara, agar, lilit, la mujer de lot, miriam?
No, no pusimos en riesgo la historia,
la cumplimos a cabalidad,
porque nosotras avanzamos,
nos atrevimos, fuimos más allá,
mientras que ustedes fueron con dios y chillando nos acusaron.

Nosotras no somos el israel glorioso
(a su antojo significamos la ramera, la valiente, la adúltera,
la novia virgen),
somos, por antonomasia, las 'anawim de la historia,
latentes,
permanentemente rescatadas,
apegadas a la misericordia de dios.
Somos el pueblo no circuncidado de yahvé.

Pero a pesar de todo, estábamos,
con la mano izquierda escribimos,

no la biblia, más sí el libro primero la Vida.
El yavhé de manos azucaradas, bordadoras de hojas de higuera,
escribió sobre nosotras, en nuestras espaldas y entre nuestros muslos.
Y nos contó todo al oído, al tender la ropa y ordeñar las cabras,
a nosotras, a las siempre extranjeras, a las no cuantificables,
a las anomásticas, porque sólo Dios sabe que estábamos ahí.

No es difícil identificarnos con el poema "Desde la ausencia". Desde una lectura de género podemos advertir los roles y sus asignaciones para lo masculino y para lo femenino. Desde la crítica feminista, nos advertimos desde los orígenes, desde el principio. Escribiendo con la mano izquierda, ¿por qué la poeta dice que escribimos con la mano izquierda? ¿Por qué Yavhé escribió sobre nosotras, sobre nuestras espaldas y muslos? Escritura de mujeres, escritura por todas partes del poema, nos dice Gabriela. La escritura de las mujeres sellada en las Escrituras, por eso no sólo son nombres de mujeres individuales, sino también sujeto colectivo: "somos eva, sara, agar, lilit, la mujer de lot, miriam". Es decir: "a su antojo significamos la ramera, la valiente, la adúltera, la novia virgen" y también "anawim", denotando no sólo género, sino clase social y etnia.

Cada vez que hacemos una tarea de interpretación, nos damos cuenta que la reserva de sentido es inagotable. Por eso es que la hermenéutica en un principio fue una disciplina para la producción literaria y luego las ciencias bíblicas la adoptaron. Sujetos intérpretes que miran, ven, piensan, hablan, dicen su palabra oral o escrita, es decir, ¡estamos aquí para quedarnos!

Es muy importante tener una comprensión de cada hermenéutica, aunque no hace falta una conceptualización con grandes definiciones o en lenguaje puramente académico. Las categorías de análisis parten de la experiencia que como intérpretes de la Biblia tenemos, de un acercamiento a la vida y sus problemáticas, de una postura, de una toma de posición frente a las coyunturas actuales de opresión y liberación. El poema de Miranda nos habla de otros lenguajes para hablar de Dios, las mujeres y la creación. La estética literaria nos invita a procesos hermenéuticos, donde también tomamos posiciones. La literatura, la pintura, la música, el teatro, la danza, entre otras expresiones, nos dan la oportunidad de desmenuzar con mayor facilidad las situaciones sociales, políticas, culturales y teológicas de los relatos bíblicos, especialmente cuando trabajamos con grupos de mujeres o con grupos mixtos.

Ser francas/os: estrategias de interpretación bíblica feminista

Los textos bíblicos son francos con nosotras/os. Ellos también revelan una estrategia literaria de redacción, un proceso de selección y ajuste. No están elaborados "para salir del paso", y esto debe ser sacado a la luz. El hecho de guardar primeramente en la memoria testimonios que calaron profundamente en la vida de mujeres y hombres de las primeras comunidades cristianas (hablando del Nuevo Testamento), nos dice que no todo fue recogido en papiro o pergamino.

Hubo un proceso previo a la redacción del texto bíblico donde se optó por uno u otro testimonio, animado por la fuerza y la libertad del Espíritu de Dios, que posibilitó dejar por escrito estas experiencias para las generaciones que siguieron (Lc 1,3-4; Jn 21,25). A veces no nos damos cuenta de la franqueza de los textos bíblicos, pero esa franqueza está ahí, esperando a que la descubramos y la asumamos en nuestro propio proceso hermenéutico.

Desde los objetivos de la relectura y hermenéutica feminista, también ha habido estrategias de interpretación. Algunas de estas estrategias parten de un propósito reparador que tiene sus raíces en las luchas por la emancipación de las mujeres y de otros colectivos subordinados, en las que la Biblia ha jugado un papel significativo como ideología política.

Podemos nombrar lo más significativo de este proceso:

- Evocar desde la memoria las mujeres de la Biblia. Hacer una escucha atenta y militante de las voces de las mujeres del pasado para establecer un diálogo con el presente.

- Redescubrir toda la información sobre las mujeres, tanto canónicamente, como extra canónica. Un ejemplo que nos invita a esta posibilidad son los evangelios apócrifos y otros documentos de la época.

- Recuperar tradiciones olvidadas sobre mujeres y levantar las capas de siglos de interpretación androcéntrica, siguiendo una sospecha que intenta develar las estrategias patriarcales de dominación, silenciamiento, invisibilización y ocultamiento del legado femenino.

- Experimentar una reinterpretación imaginativa. Es importante no sólo lo que dice el texto, sino lo que no dice, esos silencios que nos cuestionan, las ausencias, las voces no escuchadas, los susurros, etc. Se habla hoy de la identificación imaginativa, como aquella que surge de la identificación personal y de la imaginación bíblica.

- Manifestar la intencionalidad directa de que las mujeres asuman su papel de intérpretes de la Biblia, o sujetos de interpretación.

- Hacer uso, según nuestros recursos, de las investigaciones históricas de las mujeres. Si trabajamos con grupos mixtos, también de los modelos de masculinidades desde la perspectiva de género y estudios sobre las mujeres.

- Utilizar algún método de lectura bíblica al que vayamos incorporando nuestro propio sello, producto de la experiencia en contextos específicos. La creatividad, la celebración, el uso de símbolos y de la expresión corporal son indispensables para construir una estrategia de interpretación.

- Utilizar algunos elementos que nos ayuden al análisis de lo que hay detrás del texto, para contribuir a la reconstrucción sociocultural, sociopolítica y teológica. En este sentido es importante cuestionar las imágenes de Dios y de los seres humanos que se proyectan en el texto.

Las estrategias de interpretación pasan por una relación de compromiso con la relectura y la praxis comunitaria, que supone una escucha atenta de unas y otras, escucha del silencio, es decir, del silencio bíblico y de nuestros silencios. Todo esto brinda la posibilidad de construir puentes entre ese "detrás del texto" (contextos), y ese otro "delante del texto", o sea, nuestra vida actual.

Las estrategias de interpretación son nuestras puntadas para seguir tejiendo la vida y la palabra como sujetos plenos, como protagonistas. También para atraer hacia nosotras/os hoy, los nudos o cruces del tejido bíblico, y para entender mejor el mismo.

Ejemplo 2

Las estrategias de interpretación feminista tal como hemos visto, no sólo nos permiten hacer un trabajo de excavación, de sacar las distintas capas de olvido, sino también hacer una crítica de la historia de la interpretación. Remover esa historia de la interpretación androcéntrica requiere también de herramientas, de imaginación y de tender puentes.

Trabajaremos dos textos del Evangelio de Juan. Tomaremos Juan 2,1-11, y luego Ana Lucía Sanabria, religiosa costarricense, retomará el conocido relato de Juan 4, la mujer samaritana. Dos mujeres pertenecientes a pueblos diferentes pero relacionados, la intervención de Jesús con respecto al tema del agua y del vino, y la inauguración de algo nuevo.

> 1 Tres días después se celebraba una boda en Caná de Galilea y estaba allí la madre de Jesús. 2 Fue invitado también a la boda Jesús con sus discípulos. 3 Y, como faltara vino, porque se había acabado el vino de la boda, le dice a Jesús su madre: «No tienen vino.» 4 Jesús le responde: «¿Qué tengo yo contigo, mujer? Todavía no ha llegado mi hora.» 5 Dice su madre a los sirvientes: «Haced lo que él os diga.» 6 Había allí seis tinajas de piedra, puestas para las purificaciones de los judíos, de dos o tres medidas cada una. 7 Les dice Jesús: «Llenad las tinajas de agua.» Y las llenaron hasta arriba. 8 «Sacadlo ahora,» les dice, «y llevadlo al maestresala.» Ellos lo llevaron. 9 Cuando el maestresala probó el agua convertida en vino, como ignoraba de dónde era (los sirvientes, los que habían sacado el agua, sí que lo sabían), llama el maestresala al novio 10 y le dice: «Todos sirven primero el vino bueno y cuando ya están bebidos, el inferior. Pero tú has guardado el vino bueno hasta ahora.» 11 Así, en Caná de Galilea, dio Jesús comienzo a sus señales. Y manifestó su gloria, y creyeron en él sus discípulos. 12 Después bajó a Cafarnaún con su madre y sus hermanos y sus discípulos, pero no se quedaron allí muchos días.

• Las indicaciones de tiempo, nos indican que dicha señal, tal como Juan llama a los milagros, ocurrió en Caná de Galilea y fue al tercer día. ¿Al tercer día de qué? Veámoslo cronológicamente:

1,19	el testimonio de Juan el Bautista
1,29	al día siguiente Juan el Bautista ve a Jesús
1,35	al día siguiente de encontrar a Jesús
1,43	Jesús encuentra a Felipe, encuentro con Natanael.

El v. 1 de Juan 2, al tercer día a partir del cuarto día."Tercer día", o sea dos días después, nos referimos al "sexto/séptimo día", relacionado con la creación, Gn 1,26-31 ¿Se pretende continuar la línea de continuidad de la creación, iniciada en los v.1ss? ¿Se toca el tema de la alianza con esta alusión al sexto/séptimo día? Ex.19, 10.11.15.16; 20,1-21, comparar con Jn.1, 17.

- Caná (hb. Adquirir, crear) de Galilea, en la montaña, a unos 15 kilómetros de Nazaret.

La distinción que se hace al decir "de Galilea" es muy importante, pues hay otra Caná cerca al sudeste de Tirso (Jos.19,20). ¿Galilea por oposición a Judea? 4,1-3; 7,1. Galilea lugar clásico de los rebeldes en oposición al régimen imperante en Jerusalén. Vuelve a Caná en el 4,46.

- Delimitación del texto

2,1-2	Tiempo, lugar, motivos
2,3-5	¡¡¡Falta el vino!!! Intervención de la madre
2,6	¡¡¡Tinajas vacías!!!
2,7-10	¡¡¡Hay vino nuevo!!! El maestresala prueba el vino
2,11	*"Principio de..."*: Explicación de lo ocurrido

- Personajes y acciones

María, la madre de Jesús. Llamada por Jesús, *Mujer*, en el evangelio de Juan.

Jesús, presente en la boda. Convierte el agua en vino, no sin antes decir a María que no ha llegado su hora.

Los discípulos, acompañan a Jesús. Ya el capítulo anterior nos habló del llamamiento de los mismos. En nuestro texto dice que después de esta señal creyeron en él.

Los sirvientes, no se dice cuántos eran. Juegan un rol muy importante en la trama. Son mencionados dos veces.

El Maestresala, que ejerce su profesión al catar el vino y llevarlo al novio.

El novio, que no habla en el relato y aparece casi al final del mismo.

Los hermanos, mencionados en el v.12 junto con María, Jesús y sus discípulos que dejan Caná, para dirigirse a Cafarnaún.

- Nuestras reacciones al texto

¿En comparación con otros relatos de los sinópticos donde se narra la aparición de Jesús, con otras acciones, qué nos parece ésta?

¿Por qué este signo ocurre en el marco de una boda?

¿Por qué María, una mujer, una invitada, se ocupa de que el vino falte?

¿Qué rol juega Jesús procurando el vino?

¿Cómo entendemos el curioso diálogo entre Jesús y su madre?

¿Por qué no hay novia? ¿Por qué el novio es mencionado al final? ¿Qué quiere decir "todavía no ha llegado mi hora?

¿Por qué Jesús se toma el trabajo de convertir el agua en vino?

¿Qué representa el agua en los textos siguientes en el Evangelio de Juan?

- Profundizando en el texto

En la cultura del pueblo de la Biblia hay tres elementos fundamentales y sumamente preciados: el vino, el trigo y el aceite; todos ellos son elementos esenciales para la vida. Por tal razón encontramos la figura del vino presente en el Antiguo Testamento. Nos refiere a varios significados, incluyendo el vino como signo de bendición por la elección del pueblo de Israel (Dt. 7,13; 11,14) y la figura del vino en el banquete de bodas.

El vino de la boda escatológica, prometido para el final de los tiempos, se caracteriza por:

a) La abundancia: Am. 9:13-14; Jl. 4:18.

b) La calidad: Os. 14:8; Is: 25,6.

c) La gratuidad: Is. 55,1.

En nuestro texto de las bodas de Caná, podemos encontrar estos tres atributos:

a) Abundancia: Jarras de gran contenido

b) Calidad: Un vino mejor del que ya había sido servido.

c) Gratuidad: Vino para todos los invitados, sin condición alguna.

Se puede apreciar a partir de estas claves de lectura que se pasa de la escasez a la abundancia en un contexto de boda, mediado por un diálogo extraño entre María y Jesús. Algunas interpretaciones del texto sugieren que María era familiar de alguno de los que se casaban. Lo que sí es notorio es que el novio aparece hasta después de que el agua convertida en vino se realiza. La novia no aparece en el relato.

Las tinajas de la purificación, cuyo número 6 es significativo, no tienen agua para el rito de la purificación. ¡Están vacías! ¿Será por el uso? O ¿es una crítica a la tradición? El agua de la purificación está ligada a la ley, ¿mientras que el vino, a una nueva alianza? Las tinajas viejas, usadas para contener el agua de la purificación ritual, son capaces de albergar lo nuevo, y este vino nuevo es abundante, por las medidas que se nos indican de las tinajas; es de calidad porque es mejor que el primer vino servido, que con ironía el texto señala en palabras del maestresala, que se acostumbra servir el mejor vino al principio de la fiesta, y luego cuando todos han bebido mucho, servir el más barato y menor calidad. Pero además este vino nuevo es gratuito, para todos y todas en dicha fiesta de bodas. Una celebración que podría durar varios días!

La intervención de María le da movimiento a la trama. Interviene ante su hijo Jesús, diciendo simplemente *"no tienen vino"*. La respuesta de Jesús no deja de ser desconcertante: *«¿Qué tengo yo contigo, mujer? Todavía no ha llegado mi hora.»*. El tema de "la hora" reaparece en la obra juanina. Parece establecerse un diálogo de sordos, porque María dice a los sirvientes: *«Haced lo que él os diga.»* La intervención de los sirvientes es interesante: no sólo llenan las tinajas de gran cantidad de agua, que se indica por la dimensión de las mismas, sino que conocen el "secreto" de cómo esa agua se transformó en vino. Es un relato de transformación pero también de un nuevo comienzo en un ambiente de fiesta.

• Contextualizando

De acuerdo a Juan este es el inicio de señales que inaugura Jesús en su obra. ¿Cómo entender el "signo" o "señal" que se menciona en el relato? ¿Es que las tinajas o jarras viejas pueden albergar vino nuevo? ¿Cómo se entiende esto? ¿Es que nuestras relaciones entre hombres y mujeres; mujeres y mujeres; hombres y hombres pueden re–crearse? ¿Desde la perspectiva de esta lectura es posible re-crear las instituciones?

Nos parece que sí es posible hacer una aplicación de esta señal a la posibilidad de nuevas relaciones entre los géneros, en las instituciones y pensar en otra forma de sociedad. Las viejas tinajas pueden también dar abrigo a lo nuevo, a ese vino que con intensidad y fuerza podrían romperlas, pero no ocurre así.

A diferencia de otro pasaje de los evangelios, donde se dice que no se puede poner remiendo nuevo en una tela vieja porque se rompe (Marcos 2, 21-22), en la perspectiva juanina, sí son posibles las transformaciones. Esta transformación es posible por la sabiduría y osadía de María y la acción de Jesús, que va asumiendo su ministerio acompañado no sólo de Dios, sino de su madre, los sirvientes, el maestresala, sus discípulos, los participantes en la fiesta de bodas y de aquellos y aquellas que glorifican a Dios por lo nuevo que irrumpe en sus vidas.

> Para Juan, la boda en Caná (2:1-11) no celebra la continuidad de la familia tradicional patriarcal, sino que es un punto de partida para desplazarla con la nueva comunidad de los discípulos de Jesús (2:11-12). En Juan 1 tenemos la formación de la nueva comunidad de los discípulos de Jesús (1:35-51) y en Juan 2 la presentación de las dos instituciones tradicionales que serán reemplazadas por esta nueva comunidad: la familia patriarcal tradicional (2:1-12) y el templo y las fiestas de Jerusalén (2:13-22). El vino eucarístico que disfrutan los discípulos en la nueva comunidad es superior al vino (agotado) de la familia patriarcal tradicional, así como la nueva comunidad de discípulos (casi todos solteros) alrededor de Jesús es superior a aquella familia[16].

Para hacer nuevo el vino, Jesús utiliza lo antiguo, es decir, las jarras que ordena llenar hasta el borde de agua. Pero esta utilización o nueva forma de utilizar las jarras, es posible gracias a la transgresión, pues esta agua es el agua de la ley, transformado en vino de fiesta, vino de abundancia, de calidad y de gratuidad. Es por esta transgresión que se puede realizar ese tejido o puntada de continuidad de las profecías del Antiguo Testamento.

Tejiendo lo novedoso como en las bodas de Caná

La Biblia es también tejido (texto, texture). Podríamos usar la metáfora del tejido también, pensando en que los hilos verticales son los distintos contextos en que cada evento de la historia del pueblo de Dios fue conformándose (político, económico, cultural, religioso, social, etc).

---

16 http://www.fundotrasovejas.org.ar/Libros/Nuevo%20Testamento/Juan.pdf

Podríamos también pensar en los hilos o puntadas que hacemos horizontalmente como esos temas teológicos, kerygma, práctica de la comunidad creyente que en cada momento histórico interpretó su fe y compromiso en medio de la vida. Sigamos tejiendo la vida, la fe, nuevas relaciones; ¡estamos invitadas a recrear nuestras instituciones! Por cada puntada que hagamos, expresamos un compromiso personal que se hace colectivo.

Oramos

Pedir por nosotras no es malo; si nos vaciamos en el servicio al prójimo, seríamos jarras vacías.

Pedimos para que el agua del Espíritu pueda desbordarnos, pero también para que el nuevo vino sea una experiencia gratificante. Oramos verbalmente y mentalmente, como decía Santa Teresa de Jesús. Sólo el amor convierte en milagro el barro, sólo el amor nos mueve para re-crear las relaciones de género, institucionales, con el ambiente y cósmicamente. Amén!

Ejemplo 3

Ana Lucía Sanabria, religiosa costarricense, a partir de su relectura de Juan 4, 4-43, nos conduce en una estrategia de interpretación con la Hermenéutica Feminista y la Vida Consagrada. Ana Lucía nos comparte su objetivo:

> …En este trabajo quisiera profundizar en este texto bíblico desde la hermenéutica feminista, que nos ayudará mucho a interiorizar y poder percibir aquello que no se ve en los textos. En este caso, en el que se va a analizar, es adentrarse en la hermenéutica de la sospecha y exégesis del silencio para hacer una interpretación de este hermoso texto que mucho tendrá que decirnos pero de manera especial a la Vida Consagrada, según mi intención. Se sabe que la Biblia, interpretada androcéntrica y patriarcalmente, ha sido fuente de legitimación para marginar a la mujer en la iglesia y la teología. Pero también se ha constatado, en la práctica, como la misma Biblia re leída desde los oprimidos y marginados, ha sido fuente de liberación y de vida para muchos, incluyendo las mujeres. La relectura desde la mujer o feminista de la Biblia no es fácil. En la lectura desde la

mujer, ésta encuentra textos que explícitamente la discriminan. Las luchas que las mujeres encuentran en una relectura bíblica liberadora son varias: ellas tienen que luchar contra la lectura que se ha hecho por siglos de los textos, la cual, a veces, es más patriarcal que los textos mismos. Pero también tiene que luchar contra aquellos textos que la dañan explícitamente. Además, esta lucha hermenéutica de relectura de textos en favor de la mujer, y contra-lectura de textos que la marginan, desemboca en la necesidad de un replanteamiento del principio de autoridad bíblica y de una reformulación de lo que significa la palabra de Dios revelada en las sagradas escrituras.

Ana Lucía señala que el texto de la samaritana (Jn 4, 4-43) es como un espejo en el que vemos reflejada nuestra situación de heridas y sed, de sanación y de agua viva:

a) Somos parte de la humanidad: • sedienta de bienestar en un mundo de consumo y pobreza, de amor en medio del caos y desorden amoroso, de trascendencia en un contexto de desencanto político y existencial; • que acude a grandes pozos para calmar su sed (como la samaritana) o construye otros nuevos (como Jacob); • que desea saber (como el escriba) y desarrolla saberes y tecnologías

b) En la intención del evangelista cabe también una conveniencia teológica, la de revelar a Jesús como Salvador a los samaritanos. El plan de Juan es ante todo teológico. Su narración se orienta siempre hacia la revelación de la luz. El episodio de la Samaritana no tiene como fin central narrar la conversión de esta mujer, sino mostrar como la LUZ se ha revelado de forma libre, como el Espíritu, a este pueblo.

c) ¿Por qué viene al pozo de Jacob? Se han ido los discípulos y Jesús está junto al pozo con sed. La mujer se ha retardado hasta el mediodía, aunque la hora en que se llenan de cántaros las fuentes es por la mañana o al atardecer.

d) *Actualización*: La samaritana aparece bajo el signo del "no-tener": "*no tiene*" marido y el que tiene "*no es su marido*". Siente sobre ella la tarea penosa de acudir diariamente al pozo a sacar agua. Está prisionera de convencionalismos étnicos y religiosos y los formula abiertamente ante Jesús. Su conducta posterior (*tomar la iniciativa de "evangelizar" a los de su pueblo*), es una osadía impropia de una mujer. También Jesús está en situación de desamparo y vulnerabilidad: es forastero, tiene sed, no tiene cántaro y el agua del pozo le es inaccesible.

e) El itinerario que ha elegido (atravesar la hostil Samaria) es inusual y peligroso. Su comportamiento de pedir agua a una mujer altera los esquemas de las relaciones entre judíos y samaritanos y entre hombres y mujeres y supone una conducta reprobable y transgresora de las costumbres de su tiempo.

f) Como maestro de sabiduría y hábil conversador, emplea todos los recursos de la palabra e inventa estrategias de aproximación: pregunta, dialoga, argumenta, propone, intenta convencer, narra, sugiere, afirma, valora la postura del otro/a, provoca reacciones de identificación o rechazo.

g.) Como experto en humanidad, Jesús le descubre a la mujer el manantial que puede brotar de lo más hondo de ella misma, en contraste con la antigua ley y mandamientos externos.

h) Los roles y estereotipos de género aparecen también superados: la mujer, sorprendentemente, hace uso de la palabra y se convierte en testigo y evangelizadora de sus conciudadanos, desempeñando roles reservados a los varones.

i) Jesús, de quien sabíamos al principio que era un caminante judío cansado y sediento, se revela al final como el manantial de agua viva.

j) *Si la mujer samaritana tomara nuestra mano ¿qué nos diría y hacia dónde nos llevaría?*

Hoy más que ayer necesitamos, *inventar, innovar y avanzar despojados.*

Inventar, las respuestas nuevas que correspondan a los cambios sociales, económicos y políticos de los pueblos en donde nos hemos encarnado, atentos especialmente a todos aquellos que quedan excluidos de los beneficios de la globalización tanto en los países ricos como en los países pobres.

Innovar, nuestras estructuras de encuentro con Dios, de vida comunitaria, de servicio a nuestros semejantes, de vida profesional compartida con los seglares.

Y *avanzar despojados*, en pos de Jesucristo y con el fuego de su pasión. Conscientes que nada de esto se vivirá auténticamente, si no nos abrimos, en actitud de conversión, a la poderosa acción de

Dios Padre Hijo y Espíritu Santo que nos re-enciende los corazones con la pasión por la humanidad.

Estructurar la vida religiosa en torno a los elementos indicados, no es fácil. Quizá nos alejen de los lugares donde encontramos nuestras seguridades para remitirnos a la cotidianidad. Pero recordemos que fue aquí donde la samaritana encontró el atractivo y novedad de Jesús. Y desde la cotidianidad también -vivida con estilo y espíritu evangélicos- podemos devolver a la vida religiosa su *"encanto"*.

La Hermenéutica Feminista y la Vida Consagrada han mostrado que través del texto de la mujer samaritana hay mucho que aprender para la vida. En cada palabra y acontecimiento nos tiene una gran enseñanza. Es una mujer que reconoce en Jesús el Mesías, el Salvador.

4
Las claves del tejido

as claves de relectura desde la experiencia de las mujeres en proceso de liberación son pistas de interpretación que posibilitan un redescubrimiento de la Biblia desde la fe, la realidad y la conciencia de género. Estas claves, como muestra el esquema, son ejes de sentido o hilos conductores que atraviesan los textos orientados desde los intereses de las mujeres y la teoría de género. Veamos las claves más importantes.

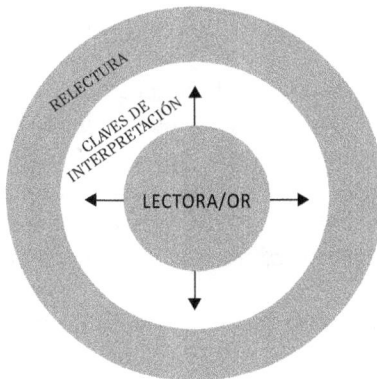

Clave de la realidad

A continuación brindamos algunos elementos que nos permiten descubrir la realidad como clave de relectura, es decir, llave para abrir el sentido de los textos desde la experiencia femenina liberadora:

- Se parte de las experiencias de las mujeres de hoy, sus luchas por la liberación del sexismo, el racismo, la exclusión y la pobreza.

- Interesa conocer la condición y posición de las mujeres contemporáneas, la solidaridad de género, las luchas por superar todas las discriminaciones.

- Junto con el texto, leemos la vida, desde nuestras experiencias de fe, nuestras historias personales, nuestro sentir como mujeres frente a la sociedad, las iglesias y la Biblia.

- Tocamos así las raíces de nuestra propia manera de mirar y de percibirnos a nosotras mismas, las iglesias, la sociedad, el mundo, el cosmos y Dios.

- Nuestras percepciones se hacen sensibles para descubrir otras dimensiones olvidadas por la interpretación tradicional: el cuerpo, el sufrimiento, el llanto, el sentimiento, la ternura; en una palabra, lo humano.

Clave simbólica

El símbolo expresa experiencias humanas que las palabras no alcanzan a explicar. Es una realidad profundamente humana que está en el interior de cada persona, forma parte de su esquema mental y le da posibilidades de ver y representar la realidad de un modo determinado, así como reaccionar frente a ella de una forma propia e irrepetible.

Las experiencias de las mujeres están más cerca de los procesos vitales y aportan nuevos enfoques en la visión del mundo y de Dios. Las mujeres convivimos con una simbología que tiene variadas manifestaciones (comunidad, pozo, tierra, útero, sello, alimento, placer, casa, espiritualidad…) que, al ser descubiertas y descifradas en cada cultura y período bíblico, nos permiten recuperar y valorar nuestra identidad.

Es importante redescubrir las nuevas dimensiones de los símbolos bíblicos y de los significados teológicos para rescatarlos desde nosotras. El símbolo ayuda a descubrir toda la riqueza del texto y a la comunidad social que está detrás de los textos.

Clave de la sospecha

La clave de la sospecha es una intuición que abre posibilidades de investigación. No es dar por hecho algo, sino atender a los indicios de que, detrás de una palabra, frase o acción, hay otro aspecto significativo para las mujeres. Tengamos en cuenta que esta clave:

- Impulsa a buscar la realidad y la presencia de las mujeres más allá de las palabras.

- Pregunta por la vida, las luchas, la opresión y las estrategias y búsquedas de liberación de las mujeres que se esconden o se revelan en los relatos bíblicos.

- Asegura que la Biblia, cuando habla de discípulos, incluye también a las discípulas; cuando dice hombre, incluye a la mujer.

- Nombra y hace explícitas a las mujeres. Toma una posición crítica para desvelar el patriarcado que las minimiza u oculta.

- Impulsa a arriesgarse, permanecer atentas al detalle, las palabras, las situaciones, las personas sobrevaloradas o ignoradas en la larga tradición masculina de la lectura bíblica.

- Propone leer los silencios y la invisibilidad de las mujeres.

- Permite superar las mediaciones predominantemente patriarcales en la Biblia y en la vida.

- Asume una postura crítica frente al texto, con el objetivo de que se extraiga de él, como la miel del panal, un mensaje liberador, de vida y esperanza para las mujeres y los hombres víctimas del patriarcado.

Clave de la deconstrucción y reconstrucción

En el proceso de deconstrucción se remueve el texto, se desechan elementos que han estado allí durante años, de los que hay que prescindir porque son estériles. Se trata de escarbar, profundizar, equilibrar. Se descubre el movimiento de las palabras, las oposiciones, las formas de escribir, la ubicación de los nombres, el análisis de artículos y de pronombres. Para esto nos ayuda:

- La inter-textualidad (más datos entre otros textos), la intra-textualidad (textos dentro del texto) y la extra-textualidad (documentos extra-canónicos, ej. evangelios gnósticos, cartas y hechos apócrifos).

- La lectura de las contradicciones internas en los textos y autores, así como de conceptos, preconceptos y términos de la época, a nivel social, económico, cultural, religioso, etc.

- La atención a las oposiciones, correspondencias y movimientos de palabras: nombres, personajes, acciones.

- El análisis de las oposiciones y correspondencias en paralelo con otros textos bíblicos.

- La puesta en evidencia del lenguaje patriarcal.

- La recreación de los textos con nuevos elementos de hoy.

Clave de género

Esta clave es sumamente útil para el análisis crítico de la historia, y se constituye en una herramienta decisiva para la interpretación bíblica feminista. Permite sacar a la luz las relaciones que aparecen estructuradas en la Biblia, lo cual lleva a construir nuevas interpretaciones orientadas hacia nuevas relaciones. Nos ayuda a descubrir las realidades subjetivas de las personas (historia, cultura, particularidades, color, etnia, sexo, edad, nivel social). Posibilita desvelar todo rasgo de dominación tanto en los textos bíblicos como en la realidad actual: de un sexo sobre otro, de un grupo sobre otro y de una clase sobre otra.

Leer la Biblia desde esta perspectiva permite recuperar los roles alternativos, el protagonismo de las mujeres en la Escritura, y evitar leerla como historia de una acción masculina y patriarcal.

Para reconstruir el texto con mirada de género es importante profundizar sobre el patriarcado en sus diversas manifestaciones. Las interrogantes que nos hacemos las mujeres y las nuevas claves que aportamos en la interpretación nos llevan a conclusiones más favorables desde la perspectiva de género.

Para trabajar desde esta categoría debemos:

- Entrar en el texto tratando de descubrir a las mujeres bíblicas como sujetos históricos, y de ir comprendiéndonos de este modo a nosotras mismas.

- Reflexionar sobre las diferencias y la reciprocidad varón/mujer.

- Descubrir la visibilidad o invisibilidad de las mujeres en los textos.

- Buscar los valores femeninos de los textos, incluso en algunas masculinidades.

- Descubrir los estereotipos de mujer que aparecen en los textos.

- Colocarnos en el lugar de las mujeres sufridas y oprimidas en los textos que estemos analizando. Preguntarnos cómo se sintieron, qué dirían, qué harían. En esto juega un papel muy importante la imaginación.

Clave histórica

Las mujeres no suelen ser reconocidas en la historia oficial. Esto también se da en la historia del pueblo de Dios, que ha sido contada por hombres y, por lo general, interpretada oficialmente por hombres. *Historia de varones, machos, vencedores y ricos*, como expresa Eduardo Galeano. Mujeres de ayer y de hoy emergen del silencio impuesto, forjadas en el sufrimiento y en la lucha.

Es necesario el estudio y análisis de las sociedades del Oriente Antiguo, en especial del Siglo I d.C. en relación con las mujeres hebreas y grecorromanas y la profundización sobre el patriarcado en sus diversas manifestaciones, desde una postura crítica frente a las estructuras económicas, sociales, políticas e ideológicas. Esto da luz para la comprensión de la historia bíblica y para la reconstrucción de los textos y de los orígenes cristianos desde la visión de las mujeres.

Para acercarnos al texto que estemos analizando desde esta clave es importante tener en cuenta lo siguiente:

- Estar atentas/os para descubrir la presencia de las mujeres en momentos significativos de la historia.

- Descubrir las estructuras patriarcales dentro del sistema que obligan a las mujeres a ser insolidarias entre ellas.

- Analizar la sociedad cristiana machista con su herencia judaica, griega y romana.

- Comparar el texto bíblico que estemos estudiando con fuentes extra-bíblicas para enriquecer las informaciones sobre la actuación de las mujeres en la época.

- Observar si el texto bíblico legitima o cuestiona las estructuras de dominación.

Clave teológica y de espiritualidad

El patriarcado está muy arraigado en la Biblia. Los varones son los grandes elegidos: patriarcas, profetas, apóstoles; además, son quienes cuentan la historia. Hemos asumido ciegamente imágenes masculinas (construidas) de Dios: Padre, Juez, Soberano, Señor, Creador, Poderoso, Rey, Caudillo.

La mirada de las mujeres ha encontrado un sinnúmero de elementos liberadores a lo largo de las páginas de la Biblia que reflejan un nuevo rostro de Dios: un rostro con características que el mundo patriarcal ha considerado femeninas. Las mujeres sentimos a Dios de otro modo. Nos habla desde todo nuestro *ser mujeres*. Dios también tiene entrañas de mujer.

Si Dios es el seno materno, ¿por qué decimos sólo Dios Padre? Es también Madre; abarca muchos aspectos maternos. En los seres humanos hay aspectos que son de género femenino y masculino. También en Dios los hay. El Espíritu de Dios en hebreo es femenino: la *Ruah*. ¿Qué significa para la mujer que el Espíritu se nos presente como femenino? En griego es neutro: *Pneuma*. Es el Consolador que se identifica con los que sufren. También en la teología se filtran las estructuras patriarcales en las imágenes que se han transmitido de Cristo, María, la Iglesia, etc. La teología de la casa, en contraposición a la teología del templo, es un elemento que también nos ayuda en esta búsqueda.

En el siguiente cuadro podremos encontrar algunas preguntas que sirvan de ejemplo para trabajar los textos bíblicos, desde las distintas claves de lectura:

Resumen-Cuadro de las preguntas por clave

Clave simbólica

¿**Qué** símbolos son significativos (lugares, tiempos, circunstancias, objetos, contrastes, significados dentro de un texto específico) especialmente en relación con las mujeres?

¿**Qué** significados podemos discernir en el contexto bíblico y en el contexto actual?

¿**Qué** imágenes o evocaciones femeninas tienen un valor significativo dentro del texto?

¿**Qué** imágenes o evocaciones masculinas están ocultando la presencia y la acción de las mujeres?

¿**Qué** imaginarios socio-culturales sustentan las posiciones de discriminación?

Clave de la sospecha

¿**Cuáles** son los conceptos y preconceptos en relación con las mujeres que funcionan en el texto que estemos estudiando, en el contexto y en sus varias interpretaciones?

¿**Cuáles** son las diferencias y reciprocidades entre mujeres y varones en el texto bíblico?

¿**H**ay presencia o ausencia de mujeres?

Si hay ausencia, ¿**cómo** la interpretamos? ¿**Por qué** callan?

¿**Quiénes** provocan o imponen este silencio?

¿**Cuáles** son los personajes femeninos, sus expresiones, dichos, actitudes, gestos, acciones, funciones?

¿**Dónde** están los silencios, que nos llaman a leer entre líneas?

Clave de la deconstrucción y reconstrucción

¿Conocemos textos complementarios y extra-bíblicos que nos ayuden a tener una comprensión más clara y amplia de la situación planteada? ¿Enriquecen la comprensión de la situación y del texto?

¿Cómo ha sido interpretado por la tradición el texto que estemos estudiando?

¿**Qué** mentalidad social, política, moral, religiosa, etc., se refleja en la interpretación y en los comentarios tradicionales?

¿**Cómo** nos afecta la exégesis masculinizante que se ha universalizado? ☞

Clave de Género

¿Cuáles eran las costumbres de las mujeres y hombres de la orilla del Mediterráneo?

¿Qué enseñanzas, desde la cultura y la religión de esa época, se dirigían específicamente a mujeres y por qué?

¿Qué cambios o transformaciones trajo el Evangelio del Reino de Dios para mujeres y hombres de las comunidades cristianas primitivas ubicadas en esa zona?

¿Qué relaciones varón - mujer se reflejan?

¿Qué textos bíblicos pueden enriquecer aquellos donde la mujer no aparece?

¿Qué instituciones patriarcales aparecen en el texto, y cómo afectan a las mujeres y los hombres? ¿Qué acciones, posturas y gestos se constituyen alternativas a lo patriarcal en el texto? ¿Quiénes son los sujetos?

Clave histórica

¿Cómo era el mundo social de las primeras comunidades cristianas del siglo I d.C.?

¿Cuál sería la situación histórica de las mujeres en el contexto propio del texto que estemos estudiando?

¿Qué mentalidad social, y relaciones económicas, religiosas, morales y políticas refleja en relación con las mujeres?

¿El texto bíblico legitima o cuestiona las estructuras de dominación?

Clave teológica y de espiritualidad

¿Cómo viven las mujeres bíblicas su relación con Dios?

¿Cómo ubicar a las mujeres dentro del proyecto de salvación de Dios?

¿Cómo revelan a Dios los rasgos considerados femeninos y cómo se revela Dios en ellos?

¿Qué fe y qué imagen de Dios se promueven?

¿Qué aspectos considerados femeninos revelan a Dios en el texto que estemos analizando?

¿Qué diferencia encontramos entre la práctica de Jesús y otras prácticas?

¿Cuáles son las características del discipulado de las mujeres en los Evangelios?

¿De qué manera favorece a las mujeres la concepción eclesial que se maneja?

5
Tejiendo con Biblia y vida

Recordemos que el trabajo de tejer no se hace generalmente de forma aislada. Las tejedoras se reúnen para trabajar y para compartir. Así también, en comunidad nos juntamos para encontrar los cruzamientos de las puntadas o nudos debajo del tejido bíblico.

Ejemplo 4

Les invito a trabajar el texto de Mateo 25,1-13:

> 1 Entonces el Reino de los Cielos será semejante a diez vírgenes, que, con su lámpara en la mano, salieron al encuentro del novio. 2 Cinco de ellas eran necias, y cinco prudentes. 3 Las necias, en efecto, al tomar sus lámparas, no se proveyeron de aceite; 4 las prudentes, en cambio, junto con sus lámparas tomaron aceite en las alcuzas. 5 Como el novio tardara, se adormilaron todas y se durmieron. 6 Mas a media noche se oyó un grito: '¡Ya está aquí el novio! ¡Salid a su encuentro!' 7 Entonces todas aquellas vírgenes se levantaron y arreglaron sus lámparas. 8 Y las necias dijeron a las prudentes: 'Dadnos de vuestro aceite, que nuestras lámparas se apagan.' 9 Pero las prudentes replicaron: 'No, no sea que no alcance para nosotras y para vosotras; es mejor que vayáis donde los vendedores y os lo compréis.' 10 Mientras iban a comprarlo, llegó el novio, y las que estaban preparadas entraron con él al banquete de boda, y se cerró la puerta. 11 Más tarde llegaron

las otras vírgenes diciendo: '¡Señor, señor, ábrenos!' 12 Pero él respondió: 'En verdad os digo que no os conozco.' 13 Velad, pues, porque no sabéis ni el día ni la hora.

Para comenzar a trabajar con este texto es importante tomar en cuenta lo siguiente:

- Leer el texto en 2 versiones distintas.

- Delimitar el texto: dónde comienza, dónde termina.

- Mateo 25,1-13

- Seccionar el texto en escenas.

25,1a	Comparación con el Reino de los Cielos
25,1b-4	Prudentes y necias
25, 5-8	Figura del novio
25,9-	Pregunta de las necias
25,10	Llegada del novio
25,11-12	Desconocimiento
25,13	Sentencia

- Mirar *el antes* (los relatos anteriores) y *el después* del texto (los relatos posteriores).

  Los ejes temáticos son un punto de partida para determinar el texto más allá de la delimitación que hemos precisado, Mt 25,1-13. En el cap. 24, 45-51 encontramos el binomio sirviente fiel y sirviente malo. Así como la precisión de no saber el día ni la hora, de la venida del Señor. Este mismo tema está presente en los vs. 37-44, la espera y las duplas. La parábola de los talentos en el capítulo 25,14-30, varía la dupla a un señor y la entrega de talentos a sus sirvientes, seguido del juicio a las naciones, la espera ha terminado. Podríamos fijar una unidad literaria del 24-25 con el tema de la espera y de estar vigilantes. Esta unidad constituye el quinto discurso con acento escatológico, que puede ser otro criterio para determinar el antes y el después de nuestra perícopa.

- Preguntar al texto: ¿Qué reacción o emociones me provoca? ¿Qué palabra, frase o calificación me impacta?

  Desconcierto es una reacción primera al leer el texto detenidamente. Se aprecian dos relatos en la parábola, uno de ellos es de la fiesta. La fiesta de bodas donde diez chicas salen a recibir al novio, es comparada al reino de los cielos. ¿Cómo se pasa de una fiesta de bodas, que es comprensible al compararla con el reino de los cielos, a un relato donde un grupo de diez se dividirá en dos?

- Los personajes: ¿Qué hacen, qué dicen? ¿Por qué? ¿Dónde? ¿Cuándo? ¿Hay ausentes? ¿Quiénes son? ¿Quiénes hablan? ¿Quiénes callan?

El personaje ausente es el novio, que aparecerá mencionado en los vs. 2, 5, y 6. Este personaje sufrirá una transformación al llamarse "señor" en el v.11b.

Los otros personajes en la parábola están implícitos aunque anónimos. ¿Quiénes gritan en el v.6, "Aquí está el novio, salgan a recibirlo"?

La dupla se establece a través de calificaciones de los dos grupos: cinco vírgenes eran prudentes, las otras cinco necias. Cada grupo habla en la parábola, las necias en el v.8, cuando piden aceite para sus lámparas a las otras cinco. Las prudentes hablan en el v.9, cuando las envían a comprar aceite, negándoles el mismo. Por segunda vez las necias hablan al pedir al señor que les abra la puerta en el v.11b. El señor responderá que no las conoce.

Los espacios son importantes para adentrarnos en el relato. Hay un movimiento de afuera-adentro-afuera. Al inicio no es fácil precisar a dónde salieron las diez muchachas con sus lámparas a recibir el novio (v.1), por eso sospechamos que la fiesta es un primer relato en la parábola. A partir del v.2 en adelante, los verbos "salir" "tomar" y "llevar" nos indican también movimiento que van marcando las diferencias entre ambos grupos. El verbo salir no sólo aparece en el v.1, sino en el v.6 con la misma intencionalidad de salir a recibir al novio. Otra salida se mencionará en el v.19 cuando las cinco muchachas necias van a comprar a medianoche el aceite para sus lámparas. Las referencias concretas a lugares están en el v.10 cuando las cinco prudentes entran con el señor a la sala de bodas o al banquete de bodas, y la puerta es cerrada. La fuerza simbólica de la puerta cerrada está muy presente en la parábola.

El v.5 introduce el tema de la espera del novio, y la llegada del sueño y todas se duermen. ¿Dónde? De la división de los grupos que las separa por el calificativo de prudentes y necias, se pasa al grupo total 10, que de por sí tiene un significado simbólico de totalidad. Los verbos "dormir" y "despertar" son también acciones que le dan movimiento al texto. Dormirse tiene más el sentido de adormilarse, dar cabezadas. En el griego se entiende como "decir sí con la cabeza", movimiento incontrolable de quien tiene sueño y no está acostado. ¿Quién no tiene sueño a la medianoche? Es en medio de la noche que el grito de que el novio llega las despierta. El lenguaje simbólico es muy determinante como clave de lectura.

También tienen simbolismo las lámparas o alcuzas y el aceite, entendidas más como antorchas con una base para llenarlas de aceite o de petróleo. Estos elementos están relacionados con la duración o transcurrir del tiempo en el relato, que no es narrado explícitamente pero que nos levanta preguntas como: ¿cuánto tiempo tuvieron que esperar las muchachas? ¿Cuánto duró la fiesta de bodas sin el novio? El tiempo es también fundamental como clave de interpretación, no sólo al nivel simbólico sino por lo que no nos dice el texto, es decir, aquellos silencios que dejan vacíos para la comprensión del mismo, y que a la vez pueden ser tan llenos de significados. Las alusiones concretas al tiempo las encontramos en el v.6 con la "medianoche" y en el v.11 con el adverbio de tiempo "más tarde". Las otras referencias relacionadas al tiempo se corresponderán con la espera, el sueño, el despertarse, el preparar las lámparas, el ir a comprar el aceite, regresar y pedir entrar al señor, aún sin que el texto nos diga si encontraron el aceite.

Hasta aquí hemos trabajado únicamente el texto por el texto mismo. Ahora podemos pasar a conversar a partir de las siguientes preguntas:

1. ¿Qué hemos escuchado sobre este texto? ¿En qué ocasiones lo hemos escuchado? ¿Qué pensamos sobre lo escuchado? ¿Estamos de acuerdo o en desacuerdo con lo escuchado?

    Distintas interpretaciones hemos escuchado sobre la parábola, un texto que generalmente se usa en las ceremonias de bodas, en los estudios bíblicos para mujeres, en las predicaciones sobre evangelismo y del juicio final, entre otras. De la perícopa hay elementos que nos impactan positivamente, otros negativamente, y hasta puede producir un cierto rechazo. Cuando hemos trabajado con grupos de estudiantes esta parábola, surgen expresiones o frases como: exclusión, resiliencia, insolidaridad, comparación al reino de los cielos. Las reacciones y emociones pueden ser distintas; a pesar de algunas emociones no tan positivas del texto, encontramos también algunas líneas de gracia y de liberación.

2. ¿Qué sabemos del texto? ¿Qué no sabemos y queremos saber?

    Nos interesa saber más sobre la comunidad detrás del texto. ¿Con que propósito Mateo nos deja esta parábola?

3. ¿Qué criterios de interpretación feminista tomaremos para analizar el texto?

    La hermenéutica de la sospecha es un criterio que no puede faltar, ¿Por qué se pasa de 10 muchachas en un contexto de fiesta, a un grupo dividido y calificado como prudente y necia?

Encontramos en Mt 7,24-27

> 24 «Así pues, todo el que oiga estas palabras mías y las ponga en práctica, será como el hombre prudente que edificó su casa sobre roca: 25 cayó la lluvia, vinieron los torrentes, soplaron los vientos, y embistieron contra aquella casa; pero ella no cayó, porque estaba cimentada sobre roca.26.Y todo el que oiga estas palabras mías y no las ponga en práctica, será como el hombre insensato que edificó su casa sobre arena: 27 cayó la lluvia, vinieron los torrentes, soplaron los vientos, irrumpieron contra aquella casa y cayó, y fue grande su ruina.» 28 Y sucedió que cuando acabó Jesús estos discursos, la gente quedaba asombrada de su doctrina; 29 porque les enseñaba como quien tiene autoridad, y no como sus escribas.

Se nos cuenta la historia de dos hombres que construyen su casa. Jesús inicia diciendo *"Así pues, todo el que oiga estas palabras mías y las ponga en práctica se parecerá...(v.24)* uno prudente y otro insensato, que decide cada quien construir una casa. El prudente construirá sobre la roca y resistirá los embates de la tempestad. El insensato construirá sobre la arena, y no resistirá las lluvias y vientos fuertes.

La primera diferencia se establece entre ambos textos, en que Mt 7,24-27 no hace una comparación con el reino de los cielos. El tema del reino de los cielos es frecuente en Mateo, mientras en Marcos aparece como reino de Dios, usando las parábolas como mediación pedagógica para la enseñanza.

La teoría de género nos ayuda a comprender los roles que se asignan para mujeres y hombres en el siglo I y nos permite ver una diferencia entre ambos textos. La similitud radica en que la calificación es la misma en una tarea que corresponde a los hombres, la construcción, y la situación de las diez muchachas que esperan al novio.

La sentencia final tampoco se asemeja a la de nuestra parábola de las 10 vírgenes, sino que sirve para aumentar el reconocimiento del pueblo hacia Jesús, y remarcando su autoridad.

Por otro lado, la parábola del banquete de bodas de Mt 22,11-14 es también una comparación del reino de los cielos a la boda que un rey celebra para su hijo.

> 1 Tomando Jesús de nuevo la palabra les habló en parábolas, diciendo: 2 «El Reino de los Cielos es semejante a un rey que celebró el banquete de bodas de su hijo. 3 Envió sus siervos a llamar a los invitados a la boda, pero no quisieron venir. 4 Envió todavía otros siervos, con este encargo: Decid a los invitados: "Mirad, mi banquete está preparado, se han matado ya mis novillos y animales cebados, y todo está a punto; venid a la boda." 5 Pero ellos, sin hacer caso, se fueron el uno a su campo, el otro a su negocio; 6 y los demás agarraron a los siervos, los escarnecieron y los mataron. 7 Se airó el rey y, enviando sus tropas, dio muerte a aquellos homicidas y prendió fuego a su ciudad. 8 Entonces dice a sus siervos: "La boda está preparada, pero los invitados no eran dignos. 9 Id, pues, a los cruces de los caminos y, a cuantos encontréis, invitadlos a la boda." 10 Los siervos salieron a los caminos, reunieron a todos los que encontraron, malos y buenos, y la sala de bodas se llenó de comensales. 11 «Entró el rey a ver a los comensales, y al notar que había allí uno que no tenía traje de boda, 12 le dice: "Amigo, ¿cómo has entrado aquí sin traje de boda?" El se quedó callado. 13 Entonces el rey dijo a los sirvientes: "Atadle de pies y manos, y echadle a las tinieblas de fuera; allí será el llanto y el rechinar de dientes." 14 Porque muchos son llamados, mas pocos escogidos.»

A esta boda los invitados presentan distintas excusas para no ir, por lo que el rey envía a sus sirvientes a invitar a todos aquellos qu estén en los cruces del camino y a quienes encuentren, para ser sus invitados a la boda. ¿Qué tipo de personas encontramos en los cruces de caminos? Aunque el salón se llena de todos estos excluidos, los v.11-14 dan un giro en la parábola. Se encuentra a uno que no lleva el traje apropiado, y la orden del rey es atarle de pies y manos y echarlo fuera. La sentencia final es que muchos son invitados pero pocos los elegidos. ¿Qué significa vestir apropiadamente para una boda? El criterio lo dicta el rey de la parábola, y en este caso parece ser solamente "uno" que no está a la altura para participar en el banquete de bodas.

En la historia del arte este texto ha sido interpretado de distintas formas. Veamos estas dos pinturas y comentemos: ¿Cuántos planos se advierten en la obra? ¿Qué nos dicen las expresiones de las mujeres? ¿Cuál es el lenguaje corporal? ¿Cómo interpretamos estas pinturas?

Cerezo Barredo, 1998

Eran vírgenes.
Anónimo,
Escuela Frances,
Siglo XVII

Las siguientes interrogantes alrededor de lo social-histórico, de lo teológico y de lo eclesiológico, pueden ser de gran utilidad para un análisis más profundo del texto. Algunas de las claves de la hermenéutica feminista como la simbólica, la clave de la sospecha, la clave de deconstrucción y reconstrucción del texto, y la clave teológica y de espiritualidad, serán de gran ayuda. Ya anteriormente hemos abordado la clave de género y de historia.

Clave simbólica

Algunos símbolos destacan en nuestro texto. El símbolo del aceite para las lámparas es uno de ellos. Es a partir del aceite extra que se hace la división del grupo. El aceite es un elemento que tiene distintos referentes, además del simbólico, tiene una importancia cultural y económica. En sociedades como la del texto, es un bien preciado. Hay 3 tipos de aceite: el más caro y puro (el que es producto de la primera exprimida de las aceitunas), utilizado para exportación porque es de lujo; el segundo es con más pulpa de la aceituna; el más barato, que se usa para encender las lámparas. Los de segundo y tercer tipo son para consumo en la casa. En el caso de nuestra parábola está referido al último tipo de aceite mencionado.

Aunque la traducción que se hace de *parthenoi* es de vírgenes, lo más apropiado es leerlo como "muchachas" pues como palabra común griega es pertinente. El calificativo de vírgenes le añade un valor simbólico al relato, eso no se puede obviar, por tal razón la tradición eclesial mateana la escoge. Estos imaginarios-socio-culturales tendrán impacto en la interpretación.

La figura de las bodas es también simbólica. Es un tema presente en el Antiguo Testamento, así como el banquete y la fiesta también presente en Mateo y otros evangelios y hasta el Apocalipsis. Las bodas en la tradición judía implicaban procesos que no eran tan cortos. El proceso matrimonio lleva mucho tiempo, pues era un contrato, un acuerdo entre familias. La fiesta o banquete de bodas era la culminación del mismo. El padre de la novia entregaba a la hija al novio, y éste la llevaba a su propia casa. Asumimos que este es el tiempo o momento en nuestra parábola, la novia-ausente debe trasladarse a la casa del esposo, donde se realizará el banquete. Las diez muchachas (*parthénois)* tenían que esperar la llegada del esposo con la esposa con sus lámparas encendidas.

Los números también son simbólicos, diez al igual que los dedos de las manos, nos sirven para recordar que diez son las palabras en Ex. 20. Pero también refieren a la perfección. En cuanto a cinco refiere a "algunos", "unos cuantos". Otros interpretan el número cinco referido a la gracia. Esta interpretación sería imposible en nuestro texto.

Clave de la sospecha

Esta parábola aparece únicamente en Mateo, y es la única de él donde se mencionan mujeres. ¿Por qué se compara el reino de los cielos al relato sobre las diez muchachas? La novia no aparece en la parábola, la única alusión son las diez muchachas que se supone la acompañan, y la llegada del novio. ¿Quiere esto dcir que la atención debería de centrarse en la llegada del novio y la espera activa (con aceite extra) de las muchachas? Las diez muchachas que luego son dos grupos de cinco, vuelven a ser diez cuando se adormilan y cuando despiertan al escucharse el grito en la medianoche, pero luego vuelven a ser cinco y cinco. Esta vez separadas por la puerta que divide a las de adentro y las de afuera, y con la sentencia del *kyrios* que ha sufrido la transformación de novio a señor.

Las mujeres no callan en la parábola, pues hablan entre ellas a partir de la llegada del novio, y cinco de ellas no tienen aceite en sus alcuzas. La respuesta de las cinco prudentes es que vayan a comprar aceite en medio de la noche. Una forma de entender esta respuesta a las cinco necias, es que durante la fiesta de bodas, todo el pueblo participa. Ellas pueden golpear la puerta de algún vecino y pedir el aceite. Otra interrogante que puede surgir: ¿qué importancia tiene en la parábola la acción de salir y comprar aceite? Hasta ese momento pareciera que hay oportunidad para ellas, pero el novio llega. Es interesante notar que la expresión "recibir al novio" v.1; "aquí está el novio, salgan a recibirlo" v.6 y por tercera vez en el v.10 "llegó el novio", organizan la trama en un compás de espera que mantiene en vilo el desarrollo de la historia. ¿Qué significa la puerta? Además de marcar los límites de afuera-adentro, que están presentes en muchos otros más textos de la Biblia, no sólo marcan una frontera entre espacios, sino que establece las barreras que marcarán el desenlace de la historia.

Clave de la deconstrucción y reconstrucción

Sabemos que esta parábola es única en los sinópticos. No parece haber una pre-historia de la misma. Hasta el momento hemos hecho uso de otras parábolas y pasajes en el mismo evangelio de Mateo, para intentar ampliar el horizonte de comprensión. Este texto ha sido muy bien acogido por el arte en una diversidad de expresiones, como la pintura, la escultura y arquitectura. Las muchachas necias en la tradición eclesial han pasado a nuestra memoria esta historia como la parábola "de las vírgenes necias". La situación de la mujer en la Palestina del siglo I nos provee de mucha información para interrogar el texto. En las parábolas en otros evangelios donde aparecen mujeres como protagonistas, están limitadas al ámbito doméstico. En otras parábolas su pasividad es evidente o su silencio, incluso en aquellas perícopas donde algunas son puestas como ejemplos. Tal es el caso de la viuda que pone en el cofre de las ofrendas todo lo que tiene, sin que nos preguntemos cómo enfrentará la vida al día siguiente. Por eso la clave de género y la clave histórica son herramientas muy útiles para ampliar nuestro panorama de análisis.

Clave teológica y de espiritualidad

Decimos que nuestro texto de estudio apunta hacia la espera activa de la Parusía de Jesús. Por tal razón creemos que esta es el ropaje de la tradición eclesial que la envuelve. La comunidad detrás del texto probablemente no sólo necesita ser estar vigilante, sino saber que la separación será un criterio determinante cuando el Hijo del Hombre llegue. Los versos 31-33 van a reiterar la frontera, esta vez ilustrada por ovejas y cabras, y por la izquierda y la derecha. Sin embargo los v. 34-45 explicarán mejor cómo se establece este criterio para recibir el reino, a través de la justicia y la práctica de buenas obras. Esta también ha sido una forma de interpretar el aceite, como las obras de justicia. ¿Dónde está la enseñanza de esta línea teológica y de sabiduría en el evangelio de Mateo? ¿Está en la vigilancia y espera del Juicio, o más bien la práctica cotidiana de la justicia y la misericordia? ¿Hablamos de una comunidad mateana que de alguna forma está dividida, y que la función pedagógica de las parábolas y relatos que tienen que ver con la espera militante, es de recordarles que es ahora, que se debe vivir la anticipación del reino de los cielos?

Si nos inclinamos a desentrañar teológicamente la parábola de las diez muchachas, desde la perspectiva de una cotidianidad donde mujeres y hombres se ocupan de los hambrientos, de los sedientos, de los desnudos, de los enfermos y de los encarcelados, encontraríamos una gran potencialidad en la parábola.

Si aceptamos sin crítica alguna los roles de género asignados, de dividir a las muchachas en prudentes y necias, prestando toda nuestra atención a las necias, y subrayando el rol justiciero del novio, podemos seguir repitiendo la historia de la interpretación que ha imperado hasta hoy.

Contextualizando hoy

Podemos preguntarnos ahora:

- ¿Se puede determinar un eje de gracia y liberación, como propone Elsa Tamez?

- ¿Qué nuevas luces sugeriríamos para aplicar el texto a situaciones de hoy?

Ejemplo 5

Vamos a trabajar otra parábola, una muy particular donde no hay mujeres protagonistas, pero que nos desafía a una relectura desde lo cultural y lo religioso. Nos referimos a la parábola del rico y Lázaro, en Lucas 16,19-31. Leamos:

> 19 .Había un hombre rico que se vestía con ropa finísima y comía regiamente todos los días. 20 Había también un pobre, llamado Lázaro, todo cubierto de llagas, que estaba tendido a la puerta del rico. 21 Hubiera deseado saciarse con lo que caía de la mesa del rico, y hasta los perros venían a lamerle las llagas. 22 Pues bien, murió el pobre y fue llevado por los ángeles al cielo junto a Abraham. También murió el rico, y lo sepultaron. 23 Estando en el infierno, en medio de los tormentos, el rico levantó los ojos y vio a lo lejos a Abraham y a Lázaro con él en su regazo. 24 Entonces gritó: «Padre Abraham, ten piedad de mí, y manda a Lázaro que moje en agua la punta de su dedo y me refresque la lengua, porque me atormentan estas llamas.» 25 Abraham le respondió: «Hijo, recuerda que tú recibiste tus bienes durante la vida, mientras que Lázaro recibió males. Ahora él encuentra aquí consuelo y tú, en cambio, tormentos. 26 Además, mira que hay un abismo tremendo entre ustedes y nosotros, y los que quieran cruzar desde aquí hasta ustedes no podrían hacerlo, ni tampoco lo podrían hacer del lado de ustedes al nuestro.» 27 .El otro replicó:

«Entonces te ruego, padre Abraham, que envíes a Lázaro a la casa de mi padre, 28 a mis cinco hermanos: que vaya a darles su testimonio para que no vengan también ellos a parar a este lugar de tormento.» 29 Abraham le contestó: «Tienen a Moisés y a los profetas; que los escuchen.» 30 El rico insistió: «No lo harán, padre Abraham; pero si alguno de entre los muertos fuera donde ellos, se arrepentirían.» 31 Abraham le replicó: «Si no escuchan a Moisés y a los profetas, aunque resucite uno de entre los muertos, no se convencerán.»

Delimitemos el texto:

19-22	Vida y muerte del hombre rico y Lázaro
23-25	Dos lugares para los muertos
26	El abismo
27-31	No escuchan a los muertos

Acostumbramos leer la parábola del evangelio de Lucas 16,19-31 desde la perspectiva de la riqueza y la pobreza, pues parecen ser claves de lectura. Sin embargo, los textos bíblicos y la vasta reserva de sentido hermenéuticos nos plantean otros aspectos de este texto en una muestra de recursos literarios variados como el género de las parábolas y de la leyenda popular. Recursos literarios organizados estratégicamente en el relato para producir un efecto en su audiencia, con la finalidad de que puedan tomar decisiones y acciones en la comunidad lucana. La pregunta es: ¿cómo podemos leer esta parábola en un contexto intercultural como nuestra América Latina, desde las creencias culturales y religiosas?

Planteemos algunos elementos para analizar:

- Había un hombre rico (anónimo), también conocido como Epulón. La riqueza del mismo se define por sus vestiduras, los banquetes de cada día, la referencia a la mesa y al saciarse, y la casa que puede entenderse como palacete.
- Y había un pobre… introduce a un mendigo llamado Lázaro (significado del nombre – Dios te ayuda- abreviatura de Eleazar). Está echado a la puerta (¿tullido? ¿lo llevaban?), con su piel llena de llagas, y con hambre; estaba deseoso de ser satisfecho con lo que caía de la mesa del rico. Los perros lamían sus úlceras, mostrando un plano o imagen que podría considerarse de alivio, como tradicionalmente se interpreta o de total exposición al abandono, a la convivencia de quienes tienen hambre.

- El portal divide a ambos personajes, ya que marca la frontera adentro-afuera, probablemente arriba-abajo (mesa-suelo).

Esta es la introducción que desde un principio nos permite ubicarnos dramáticamente ante la riqueza y la pobreza.:

- Las vestiduras como elemento de identidad social, cultural, religioso.
- El dinero como valor social/honor/estatus/ganar amigos.

No es extraño en Lucas el tema sobre los banquetes y comidas donde participa Jesús, anticipo escatológico del reino, para perdonar a los pecadores. Es evidente que nuevamente en esta perícopa el banquete es fundamental, pero visto desde la perspectiva del exceso y específicamente:

1) En oposición a lo expresado en Lc. 12,29-31 "Así pues no andéis buscando qué comer y beber, ni os inquietéis por eso, pues por todas esas cosas se afanan los paganos del mundo. Vuestro Padre ya sabe que tenéis necesidad de eso. Buscad más bien su Reino… Lázaro tiene preocupación por su hambre material.

2) Este pensamiento no sólo confirma lo dicho en 16,19 el inicio de la parábola, sino que enfatiza el sentido de degeneración en los banquetes del hombre rico, y la cadena literaria que podríamos nombrar: desperdicios-migajas-úlceras-hasta los huesos, volviendo a los perros que lamen hasta los huesos de Lázaro, tal vez pensando en devorarlos.

3) Las necesidades básicas como hambre-sed se vislumbrarán claramente en el texto, también en exceso.

¿Parábola o leyenda? ¿Ambas? Algunos dirán un quiasmo, figura literaria de repetición. Quisiera ubicarla en las leyendas de la cultura judía y de las ideas religiosas de ese tiempo, de los cruces interculturales con intereses pedagógicos para la vida cotidiana. Para mostrar esto es necesario prestar atención a los límites simbólicos y físicos establecidos: adentro-afuera; abajo-arriba; afuera-afuera. La muerte, realidad que enfrentamos todos y todas.

Mueren paralelamente, uno es enterrado, del otro no se sabe. ¿Qué sabemos de los funerales de los ricos? ¿Qué sabemos de los funerales de los pobres? ¿Qué redes sostienen a los pobres? La muerte y la religión han estado entrelazadas desde que el ser humano ha experimentado su finitud. Distintos textos, imágenes y tradiciones culturales nos recuerdan que esta preocupación por los que mueren está presente en las distintas culturas y a través de la historia de la humanidad. Al interior de la misma Biblia, se ven las relaciones entre aquellos que han encontrado la muerte, en muchos casos, como estar dormidos, y los que no han visto la muerte. Pero también en la memoria de los antepasados, encontramos el *shema*, y en la gran línea de la expectativa escatológica del NT, los antepasados como presentes, vivos, para continuar diciendo y haciendo algo con los vivos. Recordemos los textos de la transfiguración, donde están presentes Elías, Moisés y otros en esa gran línea de continuidad para la cultura y religiosidad judía, y su articulación con Jesús.

Nos preguntamos si nuestro texto en cuestión es lectura religiosa de lo social o texto que presenta un objetivo: "es urgente la conversión y por lo tanto hay que escuchar a Moisés y los profetas". Michel Le Guern (Université Lumière Lyon) propone leer algunos pasajes desde lo que llama "espejos del destinatario", prestando más atención al sentido que a la referencia. Las transformaciones que Lucas aporta en sus relatos, en relación a otros evangelios, tienen que ver con los personajes con roles susceptibles de constituirse en "espejos" del lector/a y que contribuyen a ser un anuncio de la salvación más que un testimonio de la historia de Jesús. La eficacia de estas transformaciones sugiere que la literatura es el arte de transformar episodios.

El padre Abraham y Moisés, profetas (tradiciones del judaísmo). Ideas de después de la muerte-resurrección-castigo-premio. El "seno de Abraham", expresión judaica que responde a una antigua locución bíblica que significa "reunirse con sus padres", es decir con los patriarcas del pueblo (Gn 15,15 *"Tú, en tanto, iras en paz con tus padres, serás sepultado en buena ancianidad"*). La terminología "seno de Abraham" puede referirse al puesto de honor en un banquete; es decir, el que se ofrecía a un invitado, a la derecha del anfitrión (Jn 13,23), o puede tener connotaciones de intimidad, de asociación profunda (Jn 1,18), o hasta un pliegue en la túnica.

Veamos dos historias muy cercanas a nuestro texto. El cuento narra una historia de Egipto, contada por algunos de Satmi-Kharnois y su hijo, Senosíris.

> Un día Satmi vio llevar a un rico para ser enterrado en la montaña con honores militares y lamentos. Vio de nuevo a sus

pies a un pobre hombre que fue transportado fuera de Memphis, acostado en una camilla, solo y sin nadie en el mundo que lo acompañara. Satmi dijo: "Por la vida de Osiris, el Señor de Amentit, se me conceda en Amentit tener lo que tienen los ricos —gran lamentación— y no lo de los pobres que son llevados a la montaña sin pompa y honor ."

Senosíris, su hijo, le dijo: "En Amentit, se haga contigo lo que se hizo a este pobre hombre, y no sea hecho contigo lo que hicieron con este rico".

Entonces Satmi nota un personaje distinto, vestido de lino fino, y que estaba cerca del lugar donde Osiris estaba, en un lugar muy alto ...

Senosíris dijo: 'Mi padre Satmi, ves a este importante personaje vestido de lino fino, y que está cerca del lugar donde se encuentra Osiris? Es ese el pobre hombre que viste cuando lo sacaron de Memphis, sin que nadie lo acompañara y que estaba acostado en una camilla! Lo llevaban al Hades; pesaron sus obras malas y sus méritos durante el tiempo que vivió en la tierra, encontraron que sus méritos eran más numerosos que sus obras malas."

"Teniendo en cuenta que el período de vida que Tot incluyó en su cuenta no equivale a una cantidad suficiente de felicidad en comparación con el tiempo pasado en la tierra, recibió la orden de Osiris de ser trasladado al cortejo fúnebre del rico, que viste como se llevó fuera de Memphis con honores militares, para el pobre hombre, que es este aquí presente, ha pasado en medio de los dioses venerados, cerca del lugar donde se encuentra Osiris".

"En cambio, el hombre rico que viste fue llevado al Hades, se pesaron sus obras malas y sus méritos, se encontró que sus obras malas eran más numerosas que sus méritos en la tierra, y ordenaron que reciba su remuneración en el Jardín de almendros. Fue el a quién viste en la puerta del Jardín de la almendros, atascado en el ojo, convirtiéndose en el ojo, por lo que al cerrar y al abrir la puerta de su boca salen gritos muy fuertes ...

Quién hace el bien en la tierra recibe el bien en el Jardín de Almendros, pero quien hace lo malo recibe el mal".

Se cree que esta historia habría sido llevada a Israel por judíos de Alejandría y se hizo muy popular en Jerusalén. Luego, versiones judías surgieron, aquí una de ellas. Es una historia rabínica del devoto y el hijo de un publicano Ma'yan:

Había dos devotos en Ascalón, comían juntos, bebían juntos, se dedicaron a leer la Torá juntos. Uno de ellos murió y no le dieron el menor homenaje. El hijo del publicano Ma'yan murió y toda la ciudad acudió a rendirle homenaje. Entonces el devoto que aún estaba vivo comenzó a lamentarse, diciendo: "¡Qué vergüenza! Los enemigos de Israel (= malos israelitas) nada les pasa (de malo)".

En sueños tuvo una visión en la que le decían: "No desprecies a los hijos de tu Señor (= los hijos de Israel)! El primero (= el devoto) cometió un pecado, y así es como él se escapó (= su culpa fue expiada por su entierro solitario), el segundo practicó las buenas obras, y así se escapó (= tuvo su recompensa en su funeral magnífico)".

¿Qué pecado cometió el devoto? No era una falta grave, pero una vez llevado el "tefilins" de cabeza antes de poner las manos. ¿Y qué buena obra hizo el hijo del publicano Ma'yan? Evidentemente, esta no era realmente una buena obra: una vez preparó un almuerzo para los consejeros (de la ciudad), y estos no lo comieron.

Luego dijo: "Los pobres pueden comer con el fin de no desperdiciarla...". Pocos días después, este devoto en sueños, vio al devoto, que había sido su compañero en un jardín a la sombra de una fuente. Vio también al hijo del publicano Ma'yan que extendía la lengua en las orillas de un río: quería llegar al agua y no podía.

Historias como éstas fueron presentadas por personas que afirmaban tener visiones o incluso haber visitado el mundo de los espíritus con el fin de informarles sobre las condiciones existentes allí.

La corporalidad presente en el texto es impresionante, así como los deseos: Ojos- dedos- lengua-cuerda vocal (gritos). Las veces que se hace el pedido es importante:

- El primer pedido del rico es que Lázaro responda mojando su lengua con un poquito de agua. ¿Ve en él un esclavo? La filiación establecida entre el rico y Abraham de Padre-hijo. El abismo entre ambos lugares-personajes: ¿es la misma de la puerta que dividió el adentro y él afuera? ¿Los 5 hermanos y su cambio de actitud?

- El segundo y tercer pedido hacia Lázaro.

Volviendo a preguntarnos sobre el porqué de la parábola,

- La postura de fariseos y saduceos ante los pobres del pueblo;

- Diferentes formas de acercarse y de entender el tema de la pobreza y la riqueza entre los discípulos de Jesús y los fariseos, después de la destrucción del templo de Jerusalén; c) el peligro de que al interior de las comunidades, para las que Lucas escribe, los más ricos se hiciesen insensibles ante la pobreza de los más pobres de la comunidad.

- ¿Distintas creencias culturales y religiosas alrededor de la vida-comida-muerte?

- ¿Pueden ser otras razones? ¿Cuáles?

La memoria histórica y del cuidado

No podríamos entender estas creencias culturales y religiosas sin la memoria histórica y del cuidado. En el ámbito del año sabático se afirma claramente *"que no debería haber ningún pobre junto a ti"* (Dt 15,11); pero puesto que existen *"no endurecerás tu corazón ni cerrarás tu mano a tu hermano pobre, sino que le abrirás tu mano y le prestarás lo que necesite para remediar su indigencia"*.

Según la enseñanza del Antiguo Testamento el derecho a la propiedad venía subordinado a la obligación de cuidar por los miembros más débiles de la sociedad. El primer profeta que dejó algo escrito, Amós (siglo VIII a.C.), acometió duramente contra los «transgresores» «pecadores» que *«oprimen al justo, aceptan soborno y rechazan a los pobres en la puerta»* (Amós 5,12), *«los que pisoteáis a los menesterosos, y queréis exterminar a los pobres de la tierra, [...los que achican el efa, aumentan el siclo y engañan con balanzas falsas] para comprar por dinero a los desvalidos y a los pobres por un par de sandalias» (Amós 8,5-6).*

En Israel estaba mandado dejar parte de los frutos de la cosecha para los pobres (Lv 19,10; 23,22; Ex 23,11), así como destinar cada tres años el diezmo de la cosecha para los más pobres de la sociedad: el forastero, el huérfano, la viuda y el levita (Dt 14,28). El jornalero pobre y humilde debía recibir cada día su salario, pues lo necesitaba para alimentarse y para alimentar a su familia (Dt 24,14.15).

Por otro lado, durante el transcurso de la historia bíblica de Israel habían existido tensiones causadas por el abismo entre los grandes terratenientes por un lado, y los pequeños campesinos por el otro (cf.. 1 Reyes 21; Isaías 5; Miqueas 2;Nehemías 5). Esto hace que sea más fácil comprender cómo los campesinos del primer siglo tenían que haber anhelado la liberación. El problema sólo se había intensificado bajo el gobierno romano, especialmente cuando Herodes fue nombrado gobernador por los romanos. Algunos "leen" en la figura vestida de púrpura del hombre rico a Herodes, otros a Caifás.

Existen semejanzas entre 1 Enoc y Lucas (aunque no necesariamente Lucas 12). Los dos coinciden en que los pobres serán reivindicados y su situación cambiará a mejor: el cielo se les abrirá (1 Enoc 104.2). El juicio supondrá poner al revés las injusticias de este mundo. Esto es de particular interés en vista de la temática de los reveses en Lucas 7.36 - 8.21. Una diferencia entre estos dos documentos bien puede hallarse en sus lectores. 1 Enoc parece haber sido escrito para oyentes en lo más bajo de la escala social.

Hacia el primer siglo el desempleo era agobiante (la parábola de la viña en Mc 12.1-12). En la rebelión judía del 66 d.C., la primera cosa que hicieron los rebeldes cuando saquearon Jerusalén fue incendiar los archivos catastrales y la contaduría de deudas.[1] Su segunda acción fue liberar a los esclavos.[2] La impresión que brinda la teología rabínica es que en general no se sintió obligada a rubricar el ideal de la pobreza que predican los Salmos de Salomón. Las riquezas materiales se veían como bendición de Dios, de vez en cuando como parte de la liberación de Israel realizada por Dios, mientras que la pobreza era algo a evitar. Incluso dar limosnas estaba limitado al máximo de un veinte por ciento, a fin de evitar el riesgo de acabar uno mismo pobre y necesitado de limosnas.

Los ideales de la pobreza se abandonaron en el primer siglo d.C. cuando la opresión romana produjo un estado generalizado de pobreza en la población. La pobreza era un mal, aunque no fue ésta una razón para criticar la riqueza material. El tema del bienestar se encontraba estrechamente ligado con las actitudes hacia las riquezas.

¿Cómo vivían la pobreza en la sociedad romana, especialmente en entornos urbanos? La ciudad de Roma era especial en que daba trigo gratis a los ciudadanos necesitados. Desafortunadamente esto no atañía a los residentes extranjeros ni a judíos de la Diáspora. Aparte de la pobreza

---

1 Flavio Josefo, *La guerra de los judíos*, Traducción de Juan Martín Cordero. Amberes, edición 1557. 2.247.

2 Josefo, 4.508.

y el hambre normal de la mayoría de la población, venían importantes importaciones de grano de Egipto y otras zonas de África. Sin embargo las demás ciudades tenían que depender de la producción agraria de los territorios que controlaban y cuando ésta fracasaba, había que recurrir a la importación, cuyos portes eran muy caros. Todo esto conducía al hambre y la inflación, con el resultado de que se extendió la mendicidad a escala relativamente grande por los sectores orientales del Imperio Romano, muy particularmente hacia el primer siglo d.C.

El banquete y los comensales

La comida en el Nuevo Testamento y en cualquier cultura es elemento aglutinador o cohesionador social. Esta afirmación no es solamente desde el punto de vista sociológico, sino desde la perspectiva religiosa y cultural. Un aspecto que no puede faltar cuando hablamos de la sociología del Nuevo Testamento es la comida, y también es figura predominante en los evangelios, también en la perspectiva de la comida litúrgica o eucaristía. La comida, el banquete o la mesa compartida se convierten no sólo en fermento simbólico en relación al reino de Dios, sino en materialidad cotidiana presente o ausente en el contexto de nuestro Evangelio de Lucas. Comida y bebida aparecen con mucha frecuencia en las parábolas, en el caso de la que nos ocupa, se proyectan en el exceso y la escasez, es decir, la comida presente mientras viven, y la sed apremiante estando en la otra vida. Esta materialidad de la vida aparece incluso en los relatos de la resurrección de Jesús: muerto y resucitado, come y bebe en un gesto comunitario con los suyos.

Desde el hambre y la mendicidad con respecto a los excesos, la cadena desperdicios-migajas-úlceras-hasta los huesos, nos muestra la vulnerabilidad humana, así como los excesos y lujos presentan una perspectiva de la vida donde se hacen amigos por la riqueza, en la búsqueda del honor y reconocimiento de otros. Sin embargo, no podemos olvidar el deseo que parece mover toda esta historia: deseo de poder, deseo de comer, deseo de saciarse, deseo de llenarse con las migajas, deseo hasta los huesos, deseo de beber, deseo de ser visto desde abajo, deseo de que la familia sea advertida, deseo de ser acogidos por los ancestros, deseo de ser escuchado aunque sea a gritos, deseo de ser visto aún en el plano de la otra vida, deseo, deseos.

Los cuerpos, gustos, sabores, la dimensión de los sentidos se pone de manifiesto en la comensalidad. Es parte de la misma existencia comunitaria, en la literatura bíblica muy ligada a los ciclos productivos y a los ciclos reproductivos. ¿Qué es lo que determina la comida compartida en la celebración comunitaria en nuestras culturas? Probablemente en algunas culturas la cantidad y la calidad. Una calidad y cantidad que parte de lo específico de la comida y de lo común de la vida cotidiana. Aún las ocasiones especiales son una forma de celebrar la vida, incluso la presencia en la ausencia. La comida comunitaria celebrativa que se agradece y que se acepta sin rechazo alguno, para saciar el estómago y el alma, la comida que desaparece con rapidez, pero no la charla, las risas y los silencios.

No es por casualidad que el paradigma de la mesa compartida atraviesa toda la Biblia, pero también todas las culturas. He leído que "los campesinos aymaras del altiplano entregan a los diversos personajes sobrenaturales que impregnan su medio ecológico unas ofrendas denominadas mesas, que constituyen la comida pertinente para estos seres". No deja de interpelarme como lectora de la Biblia y de su cultura. La cercanía también de las palabras como "mesa" y "misa", no dejan de hacerme recordar la invitación de la misa campesina nicaragüense: Vamos a la milpa, a la milpa del Señor, Jesucristo invita a su cosecha de amor...."

El diálogo del texto con nuestras culturas

La muerte es parte de la vida. Nuestras vidas se empobrecen de distintas maneras. Las líneas de continuidad y discontinuidad están presentes en nuestras culturas y creencias. La labor pedagógica del saber cotidiano nos llega por la oralidad, también por lo escrito. En los relatos bíblicos, las mezclas e las influencias culturales son la constante para enriquecer el pensamiento y la convivencia. Las preocupaciones por la vida del más allá, una interpretación también frecuente de nuestra parábola, es únicamente posible por nuestra actitud ante la vida, ante el otro, la otra, a esas bondades y sorpresas que conllevan nuestras culturas. El mundo simbólico del texto arriba-abajo, adentro-afuera, la corporalidad, las creencias más profundas sobre el misterio de la vida y de la muerte, están condicionadas por nuestros contextos. La idea del banquete y la mesa compartida está delante nuestro, aún si sólo nos dejamos "tocar" por el relato bíblico, no podemos olvidar que dichos mensajes son producto de esa interacción con las culturas, y que también nos orientan a reconocernos en nuestra diversidad, con nuestros apegos y desapegos a nuestras culturas. Por otro lado, la realidad de la pobreza de muchos y muchas, y la riqueza de unos cuantos, nos invitan a replantear estas ideas ancestrales y comunitarias sobre la comida compartida, la continuidad y discontinuidad con nuestros muertos, y nuestra ocupación por los vivos.

¡Volvamos al tejido de la vida!

Recordemos que la Biblia es también tejido, *colcha de retazos* como dirían algunas mujeres en América Latina. Sigamos tejiendo la vida, la fe, nuevas relaciones. Estamos invitadas a recrear todo nuestro ser y nuestras instituciones.

A las tejedoras se les llama también artesanas. Hacen su trabajo con las manos, con el corazón y con creatividad. La cantautora colombiana Ana Mercedes Pereira nos ofrece su canción:

Artesanas de la Vida

No hemos perdido la esperanza,
no hemos perdido la ilusión,
estamos juntas trabajando por un presente y un mañana un mejor.
No hemos perdido nuestros sueños
cual mariposa vuelan ya,
juntas hacemos lo posible y aquí estamos resistiendo hasta el final.
Vamos adelante artesanas de la vida
tejiendo verso a verso el porvenir,
teniendo claro el camino,
trabajando unidas podemos salir...

Hay una luz que guía nuestro camino,
hay una voz que nos dice:
Aquí estoy, es la promesa de Dios que nos anima,
si lo escuchamos nada nos faltará.
...No hemos perdido la ternura,
vivimos en sororidad,
a cada paso que avanzamos reivindicamos la justicia y la igualdad.

Estamos seguras que en cada puntada que damos, en este hermoso y rico tejido de la vida, expresamos un compromiso personal, pero también un anhelo comunitario. Tejiendo también alzamos nuestra voz y las voces de nuestras compañeras y muchos de nuestros compañeros, para que el Espíritu pueda desbordarnos, para que el nuevo vino sea una experiencia gratificante.

6

El manto no está terminado aún

L o interesante del manto que la perspectiva de género nos ha ayudado a tejer consiste en que es una obra inconclusa, perfectible, sujeta a ser enriquecida con nuevos descubrimientos, matices, colores y formas, frutos de la continua reflexión de las mujeres y también de los hombres. A continuación abordamos el aporte de la teología feminista que continua brindando nuevos motivos para enriquecer nuestro manto desde la Palabra y la experiencia.

Teología Feminista

No puede entenderse la teología feminista sin partir del marco que ha creado la teología tradicional. Elsa Tamez, refiriéndose a la teología tradicional o clásica que hemos heredado, expresa:

> ...el punto de vista de la teología tradicional es impositivo porque muchas veces se presenta como la manera única de ver el mundo.[1]

No puede haber una única manera de ver el mundo: la de una teología que se ha construido o fundamentado bíblicamente, durante siglos,

---

1 Elsa Tamez, *El rostro femenino de la teología*. San José: DEI, 1986, 193.

sobre la supremacía del género masculino sobre el femenino. La idea de un presunto orden natural creado, querido y protegido por Dios ha sido asimilada e incorporada a los imaginarios religiosos de hombres y mujeres. Parte de la reflexión teológica feminista se ha dedicado a contrarrestar las imágenes de Dios que dan soporte a estas ideas.

La teología feminista se considera el quehacer teológico desde la perspectiva de las mujeres en lucha. A esta lucha también se suman hombres, pues no se puede considerar la liberación de unas sin los otros. Por otro lado, incluso a la teología de la liberación se le ha reclamado en las pasadas décadas haber postergado la reflexión sobre la situación de las mujeres.

Es importante recordar la historia. Entre las primeras batallas femeninas encontramos la lucha por el sufragio. Las primeras sufragistas defendían la existencia de un Dios liberador de las/os oprimidos, que llevaría en una mano la Biblia y en la otra el código de derecho civil. La cruel realidad de la esclavitud y la subordinación de las mujeres en los Estados Unidos urgía un cambio, que se apoyó en volver a trabajar las imágenes de Dios presentes en Jesús y en su ministerio.

No podríamos olvidar la oportuna y valiente contribución de la feminista norteamericana Elizabeth Cady Stanton (1815-1902), de tradición metodista. Ella estudió en Troy Female Seminary (conocido hoy como Emma Willard School) en Troy, New York. Consiguió que en su iglesia se incluyera una resolución inspirada en la Declaración de Independencia Americana, conocida como la Declaración de Seneca Falls, que proclamaba que la mujer es igual al varón y que la intención del Creador fue precisamente esta igualdad. También afirmó que, para bien de la humanidad, era imprescindible dicho reconocimiento.

El comentario bíblico de Elizabeth Cady Stanton, producido entre 1895 y 1898, no tenía otra intención que desarticular o negar el estatus secundario de la mujer, justificado bíblicamente. Escribirlo fue un proyecto de varias mujeres, capaces de trabajar juntas para conseguirlo, a pesar de los obstáculos a los que tuvieron que hacer frente, entre ellos el temor a la iglesia y a la teología conservadora y tradicionalista que consideraban que estas ideas supondrían la destrucción de la "civilización cristiana". *The Women's Bible* es sin duda un tejido valiente en medio de una época muy difícil para las mujeres.

Desafortunadamente, recordamos el siglo XX como uno de los más violentos, con dos guerras en Europa, que tuvieron repercusión a nivel mundial, suscitando interrogantes en el campo de lo religioso y lo teológico. Las mujeres europeas salieron de sus casas debido a la ausencia masculina por la guerra, pero cuando esta terminó, no regresaron al mismo lugar que antes ocupaban. Se gestó un movimiento de reflexión que fue acrecentándose hasta la década de los años sesenta. El sinsentido de la guerra y del horror de los campos de concentración llevó a replantearse las imágenes tradicionales de Dios.

Uno de los primeros teólogos protestantes que iría en la línea del *Dios crucificado* es el teólogo alemán Jürgen Moltmann. También su compatriota, la teóloga feminista Dorothee Sölle invitó a pensar en Dios desde otras experiencias. Ella propone ver a la mujer como sacrificada. Autora de varios libros y fallecida hace unos años, abogó por el intercambio teológico feminista con América Latina.

El quehacer teológico feminista asomó en la década de los años setenta, principalmente en instituciones y movimientos ecuménicos de base, en América Latina. La aportación de esta teología fue resituar la opción por las/os pobres en relación con la situación de las mujeres, articulando un discurso cuyo punto de partida no puede ser únicamente el gran proyecto político de liberación, sino el replanteamiento del pensamiento y la praxis teológica a partir de lo cotidiano, de las vivencias, de las experiencias de mujeres y de sus relaciones con los hombres.

Esta propuesta se desarrollará más allá del hecho de ser mujeres, y de participar en la lucha por la equidad. Se visibilizan los rostros de las indígenas, negras, mestizas y migrantes. Las categorías que median para el análisis teológico y bíblico se constituyen alrededor de los siguientes aspectos: género, etnia y clase, rescatando su carga semántica política. Así, la reflexión teológica feminista, como la teología de la liberación, se presentan como teologías contextuales. Esos importantes tejidos celebran la contextualidad como el lugar teológico donde la categoría de sujetos de sus propias acciones, resistencias, creatividad y sistematización contribuirá a una teología viva, sistemática y sumamente práctica.

La teología feminista es crítica con la sociedad patriarcal y con todas las normas, tradiciones y estereotipos que de ella se derivan. Surge del sufrimiento real de las mujeres causado por esta visión androcéntrica, y propone una revisión radical de todas esas formas de opresión. Su finalidad no es seguir sustentando una teología del sufrimiento, sino develar y revertir las causas injustas de ese sufrimiento, alimentando una praxis liberadora que subvierte el orden injusto establecido. Esta visión feminista de liberación tiene una perspectiva holística, en la que la creación forma parte de esa liberación. La teóloga brasileña Ivone Gebara, con su aportación del ecofeminismo, propone un nuevo paradigma teológico, en el que las relaciones tienen una profunda comunión con la creación.

La teología feminista se presenta como una búsqueda radical de la dignidad y del lugar de las mujeres, así como del papel que han de desempeñar y los derechos que han de ejercer en la Iglesia y la sociedad. Nace como reflexión dentro de los cánones de la teología de la liberación. Usa la metodología del *ver-juzgar-actuar,* es decir, parte de la realidad de las mujeres, la juzga a la luz de la Palabra de Dios y luego toma decisiones con respecto a las acciones que deben transformarla.

El trabajo con la hermenéutica feminista ha producido invaluables aportes para el quehacer teológico feminista. Entre estos aportes podemos destacar tres aspectos, que han sido también generadores de debate a nivel académico, en la misma teología de liberación y aún más con el pensamiento fundamentalista. Aunque es difícil separar un aspecto del otro, intentaremos sistematizar estos elementos.

Las vivencias o cotidianidad

En la teología tradicional, la exégesis e interpretación del texto bíblico no se enriquecen con la experiencia de la cotidianidad; como hemos dicho, la teología tradicional es un tejido que se presenta terminado e imperfectible. En la teología feminista, la cotidianidad es un factor primordial para la iluminación y el esclarecimiento del texto. Son las experiencias de vida, las rupturas y la multiplicidad de relaciones las que conforman la especificidad de la teología feminista. Precisamente en este punto es donde se encuentra la mayor parte de las contradicciones entre ambas teologías: por un lado el discurso racional, el logocentrismo, como dicen algunas; y por otro lo experiencial, lo cotidiano, lo vivido, aunque también estructurado con capacidad de renovarse y autocriticarse. Es decir, un tejido inconcluso y perfectible, sensible a nuevos aportes y riquezas. El quehacer teológico feminista parte siempre de lo vivido, de lo que experimentamos en el presente. Por esa razón insistimos en repensar el lenguaje cotidiano, en reconfigurar sentidos, en desmontar antiguas concepciones ocultas en los discursos teológicos. Al mismo tiempo estas vivencias cotidianas se localizan en nuestros cuerpos.

Esta subjetividad parte de nuestra propia autoestima, y nos ayuda a la autodeterminación en la reflexión de nuestras experiencias de fe. Refuerza además la lucha para salir de la dominación patriarcal. Cada experiencia vital es única y depende de los contextos, de la historia en que se inserta y de la interpretación que cada persona haga de ella. Al mismo tiempo, al ser parte de contextos particulares, es compartida por grupos y sociedades específicas por un lado, y por el conjunto de la especie humana por el otro.

Generalmente calificamos estas vivencias como buenas, regulares o malas. Somos capaces de calificarlas o evaluarlas porque pasan por nuestros cuerpos, aunque no siempre prestamos toda la atención a través de la observación. Las vivencias de las mujeres y los hombres marcan nuestros cuerpos, y son experiencias únicas. La relación con lo divino también pasa por nuestro cuerpo y es una vivencia única e irrepetible en lo cotidiano.

Sacrificios/violencia en la vida/rituales cotidianas

Esta afirmación del énfasis en el sacrificio ha sido constante desde la teología feminista, aun desde sus distintas corrientes. Desde la categoría de género, se ha demostrado reiteradamente que en el lenguaje cotidiano se ha internalizado el sacrificio, visto desde distintos ángulos. La literatura latinoamericana misma lo muestra, no solo desde los personajes que narran su vida, sino en el discurso religioso, político y económico, que a veces parece el mismo.

Para quienes trabajamos con el Nuevo Testamento, este concepto tampoco es ajeno, pues trabajamos con los imaginarios religiosos, que llegan una y otra vez desde la tradición cristiana, confirmando el sacrificio de Cristo, y de la misma obra misionera y evangelizadora de los discípulos y apóstoles. Esta historia del cristianismo está hecha también de mártires, como resultado del seguimiento al Reino de Dios, personas que asumieron el martirio por establecer conexiones con los otros aspectos de la vida cotidiana, como lo político, económico, social y cultural.

Paradigmas incluso se han erigido desde el sacrificio, y levantando preguntas sobre la necesidad o futilidad de los mismos. Cuando tomamos conciencia de la vida humana, su finitud, vulnerabilidad e impotencia, distintas preguntas surgen, y pocas respuestas, a tal punto que parece que nos vamos habituando a la violencia en sus distintas manifestaciones.

Una manera entre otras de contrarrestar esa indiferencia o ese habituarnos a que no podemos cambiar nuestra realidad, es la fuerza potencial y generadora de los rituales sanadores y trastocadores de sentido. Ritos que han sido iniciativas o que han sido retomados y reconformados por la teología feminista pueden contribuir a renovar nuestra espiritualidad militante. Pueden ser palabras, gestos, acciones. Incluyen acciones de aprender a nombrar nuevamente, arriesgarnos a poder resignificar el lenguaje, recrear los sentidos y lo que estos conllevan.

¡Porque al inicio estaba la Palabra, luego vino el sacrificio! Esa palabra y gesto tiene una relación individuo/comunidad/sociedad, una ética o pedagogía práctica del sentir[2] que es el componente fundamental de la afectividad, de las emociones, de los sentimientos[3] y la pasión misma.

La teología feminista es un quehacer teológico y pedagógico que toma en cuenta el sentir como una dimensión de la experiencia relevante. Genera juicios de valor y toma en cuenta nuestras limitaciones humanas. Es así que la percepción sensorial, psicológica o empática, el lenguaje, la curiosidad, la problematización (contrario al enunciado), la interrogación perenne, entre otros aspectos, pueden ayudarnos a repensar este acercamiento, que se da por hecho (cuando mas), o que ni siquiera hemos pensado, porque hemos asumido que el sentir se opone a la racionalidad. En todo caso, ¿a cuál racionalidad?

Nuestros desafíos como mujeres

Los procesos emancipatorios deben de pasar primero por nuestro sentir como personas. Como dice una teóloga pastoral, es hacer el trabajo de parteras en la construcción de la verdad y del conocimiento. ¿Cuál es el trabajo de las parteras? En primer lugar es un saber ancestral, es ese saber que se ubica entre muchos más, es facilitadora, y parte de acompañar procesos o "labores" como se dice de las mujeres en "labores de parto". Es un conocimiento del cuerpo, del momento, de los espacios, de las herramientas con que se cuenta, del ambiente, de las posibilidades y de las limitaciones, de lo nuevo y a la vez viejo que se producirá.

---

2 Roberta De Monticelli, *Etica o teoria del sentire*. Garzanti: Milano, 2002.

3 Sentimiento como disposición real (¿vocación?), y no simplemente virtual del sentir. Incluso amor u odio es la disposición de una persona y normalmente capacidad que lleva a decisiones y comportamiento.

Darnos el permiso de sentir (como acostumbran decir los y las psicólogas) nos dará en primer lugar la posibilidad del asombro. Ese asombro es producto de maravillarnos todavía con la palabra, de concebirnos como mujeres "contadoras de historias", con la magia, de esa experiencia que brotó del cotidiano con nuestras abuelas y abuelos y sus historias. Las palabras y gestos de nuestros ancestros originarios de nuestras tierras, como el sukia de la Costa Atlántica Nicaragüense, el shamán de la tribu logran que los relatos antiguos puedan resultar a nuestros oídos como nuevos. Es decir, nos reencantamos con la magia de la palabra que se completa con la participación de otras y otros, creciendo y resistiendo al sacrificio para el bien de unos pocos.

Tal vez tendremos que pensar más en interrelacionar teología y pedagogía. Debemos estar comprometidos con una práctica liberadora/emancipadora pero también transformadora que lucha contra el sistema de sacrificios y los métodos que impidan que las personas le den nombre a su propia experiencia, sentir y ambigüedades.

El siguiente poema de Rebeca Montemayor, teóloga feminista mexicana, nos introduce al tema de la cruz y de la memoria del dolor, abriéndose a un nuevo amanecer, el de pascua, de esa resurrección día a día en la afirmación de las libertades y la esperanza.

Una cruz ligera[4]

Hoy amanezco
    con esta cruz
       que se me ha vuelto ligera,
raíces de luz
    y hojas bailarinas…
       en medio de esta tempestad.
Recuerdo el dolor,
    los clavos, las espinas,
y el Amor,
¡no olvido nada!

---

4 Rebeca Montemayor López, "Pascua". México, 2010.

Hoy amanezco
    con esta extraña,
     ligera
    y bendita paz.
Cruz: alas y pies,
    cruz-yo
     águila y gacela...
¡y en las alturas me hace andar!
(en medio de esta tempestad).

Rebeca nos habla de las vivencias de la fe, en torno a un tema muy complejo en relación a las mujeres, la cruz. Una teología de la cruz y del sufrimiento con el cual se justifica las experiencias de dolor y violencia infringidas desde relaciones de poder jerárquicas. Las experiencias de sufrimiento se marcan en nuestro cuerpo, pero redescubrirnos libres, capaces de decidir y de asumir nuestras propias opciones, nos hacen sentirnos ligeras, volando como águilas y con la hermosura de las gacelas. Las vivencias son parte de nuestra memoria y esto no impide abrirnos a la vida plena, como la resurrección cotidiana.

La teología se manifiesta con lenguaje humano, y el lenguaje lleva las marcas culturales de quien lo utiliza. Así, las imágenes de Dios muchas veces reflejan la vivencia de quienes las evocan. Si la imagen preponderante de Dios es la del varón, inconsciente o conscientemente, desde la teología se refuerza el poder y control que los hombres ejercen en la sociedad patriarcal. En ese mismo sentido, las vivencias que se construyen en las relaciones con las y los otros son abono para validar vivencias positivas y negativas, en una dinámica de poder que ya se ha analizado anteriormente.

Muchas imágenes y nombres de la divinidad se dan desde las vivencias de las mujeres oprimidas, no sólo por su género, sino por sus experiencias de pobres, negras, indígenas, lesbianas; por pensar distinto, rebelarse y atreverse a proponer alternativas. ¿Qué lenguaje se reclama desde la teología feminista en la vivencia del día a día? Un lenguaje teológico que utiliza la dimensión simbólica para renombrar "lo que ya no da más" y necesita ser recreado, resignificado. Estas vivencias de mujeres y de hombres oprimidos pueden tener mucho en común, pero son distintas en su forma de entender y vivir la espiritualidad.

El desafío más complejo con que nos enfrentamos en la teología feminista es el hecho de conjugar esta espiritualidad feminista con las vivencias de violencia y de menosprecio de la vida de grandes grupos de mujeres, y también de hombres, cuya vida sagrada se ve disminuida y hasta amenazada de muerte por acciones de dominio, control y represión. Las experiencias de sufrimiento son tan fuertes que el teólogo Jon Sobrino incorporó al discurso teológico la noción de *pueblos sacrificados*.

Del mismo modo, Dorothe Sölle fue visionaria al introducir en la década de los noventa el concepto de *mujer sacrificada*, releyendo la figura sacrificial en la situación de muchas mujeres, cuyas vivencias están marcadas por la violencia, la tortura, la esclavitud y la destrucción continua. Plantea a las mujeres como sector crucificado del pueblo que exige ser redimido y lucha por ello desde su sacrificio cotidiano.

Las vivencias o cotidianidad de mujeres y de hombres están inmersas en espacios y tiempos determinados. Esta *geografía política* y de género es asumida por la teología feminista, integrando las vivencias como categoría hermenéutica para la construcción de una teoría teológica. Nos referimos a un espacio y a una geografía que marca profundamente el adentro y el afuera. Un afuera que raya en la exclusión, experiencias de exclusión profundamente dolorosas que pueden tender a inmovilizar los cuerpos y las acciones o empujarnos a reconfigurar estos espacios y tiempos desde la periferia al centro.

La hermenéutica bíblica feminista nos ayuda a develar en los textos bíblicos la importancia del espacio, y a pasar de la periferia al centro del relato, aun sin finales felices, pero con la posibilidad de recorrer ese camino desde *afuera hacia adentro*, desde la periferia hacia el centro. La periferia es también *un lugar teológico* porque niega el centro del poder tratando de encontrar al Dios justo y misericordioso. Por tanto, habría que entender el movimiento *de afuera hacia adentro* como una dinámica dialéctica que nos ayuda a permanecer despiertas/os ante las tentaciones de colocarnos en la injusta comodidad que pueda representar un centro de poder, distante de la vida amenazada y de los proyectos de equidad y justicia.

La teología feminista es teoría de la acción, entendiendo esta como procesos en constante construcción y de crítica y auto-crítica. Toda crítica surge de la experiencia, sea bien de aquella que nos lleva a reconocer la opresión o de aquella que, al reconocer la opresión y las lacras que nos ha dejado, busca vivir de otro modo. Este otro modo, real y concreto, es la fuente de sentido para cualquier esfuerzo teológico. Los ritmos en que marchamos las mujeres, y también algunos hombres, son diversos. Lo que sí podemos asegurar es que no se puede avanzar más sin acompañar a tantas mujeres y tantos hombres que viven experiencias de conversión liberadora individual, comunitaria y estructural en las bases, pero no un acompañamiento verticalista o "bancario", como diría el pedagogo brasileño Paulo Freire. Hay que acompañar desde la horizontalidad, reconociendo y asumiendo el aporte de las bases, sus riquísimas experiencias, su esfuerzo, entrega, compromiso, sensibilidades, dolores y gozos. Hay que aprender de las bases y transformarnos con las bases.

Los cuerpos como lugar de revelación

Un cuestionamiento que genera mucha discusión es el siguiente: ¿tenemos un cuerpo o somos cuerpo? Podemos afirmar que los cuerpos de las mujeres son espacios privilegiados del quehacer teológico feminista, y no "lo tenemos", como quienes adquieren algo o les es impuesto: somos ese cuerpo privilegiado. Respecto al cuerpo de hombres y mujeres, durante siglos el modelo o paradigma teológico ha sido patriarcal y androcéntrico. Teológicamente el cuerpo y los cuerpos han sido conceptos fundamentales para hablar de la sumisión: la creación como cuerpo de Dios y que hay que dominarlo o supeditarlo al dominio humano. Así como el deseo de un cuerpo sobre otro desde la perspectiva de opresión, y también para hablar de la iglesia como cuerpo de Cristo.

Cito al teólogo costarricense Francisco Mena:

> La omisión y repulsión del cuerpo en las teologías confesionales androcéntricas muestra cómo los varones, al enclaustrarnos o asumirnos como espacios de racionalidad, abandonamos el cuerpo que somos para buscar la verdad en un espacio metafísico. Esa anulación de lo corporal como centro de la vida concreta implica que también los varones pobres que solo tienen su cuerpo para sobrevivir a través de los peores trabajos, son considerados no humanos, no hombres".[5]

Desde la tradición bíblica, nuestro cuerpo ha sido relacionado con el pecado. Uno de los relatos de la creación en Génesis ha sido básico para fundamentar un dualismo fuerte y desarticulador, la escisión entre cuerpo y espíritu. Por un lado, está el cuerpo que es pecaminoso y que hay

---

5 Agradezco al lector de este pequeño libro con esta nota, que me parece muy indicada por el aporte a la comprensión de este concepto desde la teología.

que controlar y reprimir (en el caso de las mujeres esta demanda es más explícita); por otro lado, está el espíritu que es santo y perfecto, negado prácticamente a las mujeres, y que hay que acoger aplastando al cuerpo.

La tradición cristiana primitiva, reproduciendo ciertas concepciones patriarcales en la cultura hebrea, atribuyó a la mujer la culpa de la entrada del mal o el pecado en la historia de la humanidad,: lo que desde la teología se llamó el pecado original. ¡Cuánto daño ha hecho la interpretación conservadora y literalista de este mito primitivo de hace tres mil años! Una tendencia de los seres humanos es la de poner el mal y el bien fuera de sí mismos, y considerarlos únicamente como influencias a las que sucumbimos, olvidando, consciente o inconscientemente, que el mal y el bien son también parte de la vida humana, resultados y efectos de ciertas maneras de pensar y proceder.

Leamos la siguiente escena que la teóloga alemana Ute Seibert utiliza en uno de los talleres del grupo *Conspirando* en Chile, denominado *Nuestro Cuerpo, Nuestro Territorio*:

> Una mujer recuerda cuando como niña entraba por primera vez a una iglesia, católica, de la mano de su abuela. Adentro está oscuro, medio sombrío. Caminan hacia adelante y ahí, sobre el altar, la niña se encuentra con la imagen de un hombre semidesnudo, con una cara de dolor, con sus heridas sangrando, clavado en la cruz. Es el cuerpo de Cristo marcado por el sufrimiento, el dolor. La imagen le produce pavor. A la vez es la primera imagen de un hombre desnudo que ella ve, lo recuerda hoy de adulta, como una imagen sugerente, con este paño cubriendo apenas, amarrado alrededor de las caderas a punto de caerse. Encuentro de cuerpos que dejan entrever relaciones, teologías, enseñanzas acerca de estos cuerpos significados, uno como sagrado y el otro sexuado y -potencialmente- pecador.[6]

Reflexionemos sobre las siguientes preguntas y compartamos con otras/os el resultado del análisis:

- ¿Qué sucede cuando el cuerpo de una niña se encuentra con la imagen de este cuerpo masculino, semidesnudo, torturado y muerto?

---

6 J. Hurtado y U. Seibert. *Nuestro cuerpo, nuestro territorio.* Colombia: Colectivo Con-spirando, 2007. CD-ROM.

- ¿Qué impacto le causa?

- ¿Qué sensaciones despierta?

- ¿Qué cuestionamientos provoca?

La respuesta habitual tradicional:

Es el cuerpo de Cristo, sufriente y sacrificado, muerto por nosotras/os a causa de nuestros pecados.

¡Así lo hemos aprendido! Las imágenes del cuerpo roto, despedazado, sacrificado e inerte de Cristo es uno de los recursos teológicos que han reforzado el papel sacrificial de las mujeres. Esa imagen es clave para la dominación patriarcal.

Si bien no se puede negar la muerte de Cristo, los esfuerzos de biblistas por rescatar el Jesús histórico de los evangelios muestra el sentido que tiene la tarea de rescatar los cuerpos, en este caso, el cuerpo encarnado de Dios en Cristo, tal como el Evangelio de Juan 1,1 lo expresa: el cuerpo vivo y liberador. Un Jesús corporal que tiene hambre, que comparte el pan y el vino con la gente, que toca y se deja tocar por enfermos y excluidos sociales, que también vacila ante la cercanía de la muerte, y que hace de su cuerpo un espacio de acogida para las/os excluidos en la sociedad.

El cuerpo destrozado de Cristo es también resultado de cómo vivió, y de las opciones que tomó. Es el efecto de un sistema aniquilador de ideas diferentes, de propuestas más humanas y de la posibilidad de encarar una sociedad distinta. Otro aspecto que hay que tener en cuenta es que Dios se hizo hombre, se encarnó en un cuerpo masculino crucificado, torturado y muerto por una causa justa. Esto permite la identificación de grupos de mujeres y de hombres empobrecidos y enrolados en distintas luchas por la justicia.

La teología feminista rescata desde la tradición bíblica que los cuerpos son sagrados, y en ellos se manifiesta la revelación de lo divino. Los cuerpos son salvos, sanos, restaurados; son espacio de gozo, placer y también de sufrimiento. Los cuerpos son espacios de celebración. No es que "con ellos alabamos", sino que en ellos alabamos y experimentamos toda gloria, toda gracia y bendición. Por esa razón se convierten en categoría hermenéutica y teológica.

Desde esta perspectiva no podemos obviar la relación del cuerpo y la sexualidad. Los cuerpos humanos no pueden seguir siendo obviados; han de ser claves en la hermenéutica cristiana. Por eso el acto de liberar la teología, tal como dijo Juan Luis Segundo, es un proceso que nos pone constantemente frente a los cuerpos dolientes y injustamente denigrados, cuerpos que buscan seguir siendo, cuerpos necesitados, y también los gozosos. Virginia Azcuy, teóloga argentina, retoma estos conceptos para decir "bajar de la cruz a las mujeres sacrificadas". [7] Con esta expresión no se afirma el rol de víctimas de las mujeres, sino el hecho de ser sujetos de su propia vida, acciones y pensamientos en medio de sus cruces. Su crítica a la inequidad de género, reafirmará a las mujeres capaces para elaborar y desarrollar una agenda social y religiosa que pueda potenciar no sólo su desarrollo sino el de toda la sociedad.

En cuanto a la sexualidad, seguimos tejiendo

Uno de los retos del quehacer teológico feminista tiene que ver con la sexualidad. El tabú de la sexualidad se encuentra muy presente en las leyendas y mitos fundadores de la cultura, en el lenguaje androcéntrico, y por supuesto en la formulación de normas de conducta de orden dogmático-religioso.

La visión que se tiene del cuerpo femenino está limitada por los sentimientos de pudor y culpabilidad, reforzados por la interpretación conservadora, literalista y machista del capítulo 3 del libro de Génesis, que tradicionalmente se conoce como *relato de la caída*. No está de más recordar cómo se manifiesta la teología patrística sobre este relato, y las afirmaciones teológicas que perduran hasta hoy, que consideran el cuerpo como pecaminoso: la mujer como seductora, la relación sexual en el matrimonio como una obligación para la mujer, que solo debe preocuparse por procrear. Ella encerrada entre la sumisión a la voluntad de su marido y la maternidad absolutizada y sublimada. Ella reprimida en su cuerpo temido, deseado, denunciado, manipulado por los hombres.

---

7 Margit Eckholt, "Con pasión y compasión, movimientos de búsqueda de teólogas latinoamericanas". *Teol. vida* [online]. 2007, Vol. 48, 1: 9-24. Disponible en: <http://www.scielo.cl/scielo.php?script=sci_arttext&pid=S0049-34492007000100002&lng=es&nrm=iso>. ISSN 0049-3449. doi: 10.4067/S0049-34492007000100002. [citado 2010-06-16].

El tema de la sexualidad sigue siendo un tabú en las iglesias y en otros ámbitos, de la misma manera que el tema de la violencia intrafamiliar que sufren muchas mujeres, niñas y niños. Se pretende mantener esta discusión en el ámbito privado, en contradicción con lo que transcurre en la sociedad y los desafíos a los que deberíamos responder.

Como hemos dicho antes, la historia de las mujeres ha transitado entre contenciones y marginaciones, y a la vez entre las experiencias placenteras de la sexualidad, los afectos, el atrevimiento, el autodescubrimiento, el gozo, la autoafirmación y la vida plena. Hablamos de historia, pues abarca varios siglos. Esta historia de las mujeres está atravesada por la ideología del patriarcado en su diversidad de expresiones y en las distintas esferas de la vida humana.

Un eje transversal de nuestra teología es la sexualidad femenina, en la que el cuerpo se utiliza como categoría de análisis. El aporte del sociólogo-filosófo-antropólogo francés Pierre Bordieu[8] es fundamental. Se parte de una concepción política del cuerpo, por lo tanto una producción social, porque es desde el cual que se viven las relaciones de poder, de cara a la opresión y alienación (los dominados). Está también la otra cara de la moneda, los cuerpos desde se ejerce esta dominación (los dominares).
Esta teoría ha sido útil para la teología feminista para desenmascarar el control masculino, y al mismo tiempo las luchas de las mujeres en distintas épocas por escapar a este control reclamando su derecho a la libertad. En la historia del cristianismo, esta ambivalencia frente a la realidad corporal ha llevado a *teopolíticas* del cuerpo, en las que los cuerpos parecen tener presencia justificada como *cuerpos de servicio, cuerpos para...*, el cuerpo para otros y otras, sin sentido de pertenencia, sin posibilidad de vivir el *cuerpo para si* mismas y *para si* mismos.

Los dualismos y mitos

El pensamiento binario probablemente no es nada nuevo para las mujeres que, desde hace tiempo, estamos en esta lucha por la equidad desde los distintos *nichos* donde pertenecemos o pernoctamos. Tampoco es

---

8 Su libro *La dominación masculina*, podría ser una lectura obligatoria para ampliar estos conceptos, acompañada de otras lecturas de feministas y de teólogas feministas al respecto. Versión original en frances en 1998 por Editions du Seuil. Versión en español disponible en http://www.udg.mx/laventana/libr3/bordieu.html#cola

desconocido para los hombres, y sobre todo para quienes se han sumado a la búsqueda de la equidad de género. El dualismo, presente en la filosofía que permea las ciencias, entre ellas la teología, subyace con mucha fuerza, y a veces de manera sutil. Se crean estereotipos reforzados por la religión en las distintas esferas de nuestras organizaciones sociales.

Modelos de mujeres, ya muy conocidos, como la virgen y la prostituta, la mártir y la libertina, están presentes en mayor o menor grado en la cotidianidad, a veces disfrazados o maquillados de otros estigmas. Así mismo los mitos, unas veces reprimidos y otras veces exaltados, son elementos de una armazón fundamental en esta estructura alienante que es el patriarcado. La función de los mitos es explicar una realidad, o el mundo; son hitos fundadores para el imaginario colectivo, a través de los cuales se marca un lugar *destinado* a las mujeres y otro lugar reservado a los hombres, que corresponderán también a estadios sociales y culturales.

Muchos filósofos han contribuido a reafirmar estos dualismos. Yadira Calvo, escritora costarricense, dice:

> ...establecida una cadena de dualismos, en adelante no requeriría tocar más que uno de sus eslabones para aprehender todos los demás: con decir activo se decía macho, se decía racional, se decía luminoso, se decía bueno. Una sola oposición mencionada, y las otras empezaban a colgarse del mismo hilo.[9]

En otras palabras, las oposiciones en esta cadena de dualismos querían decir: hembra, mujer.

En las propuestas feministas, generalmente se habla de superar los dualismos, ofreciéndose distintas posturas con relación a ellos. En primer lugar, se requieren paradigmas distintos al antropocentrismo, y específicamente al androcentrismo, también a veces denominado falocentrismo.

Algunas pensamos que *ambigüedad* es otro término que generalmente se entiende como sinónimo de dualismos. Es probable que sea un punto de discusión. Los seres humanos somos ambiguos; es parte de todo este proceso de aprendizaje que es la vida humana, pero también del proceso

---

9 Yadira Calvo, *Éxtasis y ortigas: Las mujeres entre el goce y la censura*. San José: Farben, Editorial Norma, 2004, 15.

de desaprender. Nos contradecimos y mantenemos algunas ambigüedades, término bastante amplio que muchas veces pretende encerrar este pensamiento binario. Sin embargo, la ambigüedad es parte de nuestra vulnerabilidad, de esa fragilidad que, además de ser humana, puede tener otras dimensiones de crecimiento y maduración (Mt 13,24-30).

Las mujeres y los hombres asumen su vida en medio de estas ambigüedades, pues ambos hemos sido situados en modelos estrechos, natural o esencialmente establecidos a través de los siglos. Como resultado, se ha encasillado, en primer lugar a las mujeres, pero también a los hombres, en una desventaja totalmente asimétrica. La teología feminista nos ayuda a develar estos dualismos con el fin de superarlos, en un proceso de deconstrucción de nuestras identidades para reconstruirlas continuamente. Algunas especialistas de género sostienen que las identidades no son fijas, sino que se van conformando y reconformando. No hay que temer a esto, sólo tomar conciencia de ello.

Como dice la teóloga española Mercedes Navarro:

> Parto de dos datos que me han llamado la atención en los últimos años. Uno es la búsqueda de espiritualidad en las mujeres de todas las edades, condición social, y con cualificación académica, en aparente contradicción con su condición de feministas y de su laicismo a ultranza. El otro es la fuerte resistencia de muchas mujeres a abandonar sus respectivas iglesias y comunidades, que parece contradecir la lucidez de sus análisis e incluso la experiencia del trato que reciben en ellas.[10]

Tomémonos unos instantes para reflexionar:

1. ¿Qué podríamos entender como esa búsqueda de espiritualidad de las mujeres académicas, pero laicas a ultranza?
2. ¿Cómo entendemos la resistencia desde estas mujeres y también de hombres que deciden permanecer en sus iglesias? ¿Una propuesta excluye a la otra?
3. ¿Qué caminos pastorales podríamos construir a partir de estas experiencias?

---

10 M. Navarro Puerto. "Categorías emergentes para una teología feminista contextualizada, Teología y mujeres en la Unión Europea" en http://www.ciudaddemujeres.com/articulos/IMG/pdf/TFenlaUE-MercedesNavarro.pdf. Fecha de acceso: 2 de octubre del 2009.

Una de las preocupaciones que experimentamos cotidianamente, como educadoras y forjadoras de pensamiento, es el proceso pedagógico que lleva a esta toma de conciencia, no sólo de los dualismos y de su superación, sino del conocimiento de nuestras ambigüedades y de nuestra identidad de mujeres y de hombres. Esto debería ser una preocupación constante en el quehacer feminista, (quehacer feminista es un *ser-hacer* cotidiano). La metodología feminista tiene como propósito aportar elementos no sólo para una lectura crítica de las ciencias, sino para la investigación misma desde las distintas corrientes feministas. La teología feminista también constituye una metodología para generar, animar y facilitar cambios en los procesos educativos y en la práctica diaria. Desde los procesos de relectura bíblica latinoamericana, con el soporte de categorías de análisis como el género y la hermenéutica feminista, entre otras posibilidades, se rescata la participación colectiva para la construcción de nuevo conocimiento y práctica. Esto representa un desafío para quienes hacemos de la relectura bíblica proceso académico y popular, sin tener que contraponerlos. De las tensiones que puedan suscitarse el ejercicio de trabajo a nivel de la investigación académica y los procesos comunitarios de la relectura bíblica, surgen insumos para hacer de la metodología feminista una riqueza desde la pluralidad, los distintos ritmos de aprendizaje-desaprendizaje y contribución epistemológica.

La sexualidad: esa dimensión humana por redimensionar

La trilogía de Michel Foucault, *La historia de la sexualidad*, nos propone un camino que nombra de la misma manera en que llamó a sus tres volúmenes:

1. La voluntad del saber.
2. El uso de los placeres.
3. La inquietud de sí.

Estos caminos nos parecen válidos para hacer una semblanza de nuestra propia sexualidad femenina. Una de las tareas de la teología feminista es la de redimensionar esta vivencia del ser humano, no escindido como alma, cuerpo y espíritu, como lo presenta cierta perspectiva cristiana demasiado griega, sino como una integralidad.

La categoría del cuerpo o de *los cuerpos* es clave para redimensionar la sexualidad femenina y masculina. El cuerpo de la mujer es lugar de placer difuso, de útero oscuro, de sangre, de vida, de secreciones, de larga espera en la gestación de la vida, lugar de prisión y de libertad, lugar de resurrección. Este cuerpo es, de forma privilegiada, el símbolo del misterio de la vida, del enigma de la sexualidad humana.

Ciertamente, debe haber una *voluntad de saber*, de conocer nuestra sexualidad, de *recuperar* nuestros cuerpos, territorios todavía enajenados por otros y por nosotras mismas, y claro está, por una lectura religiosa y teológica alienante. Tal vez debamos recordar a las mujeres místicas, esas mujeres libres y célibes, llamadas *maestras*, con autonomía propia ante la jerarquía masculina eclesiástica.

También la sexualidad puede ser un asunto de decisión, de conocer lo que queremos, y lo que no queremos. Sin embargo, esto se dificulta por:

- El desconocimiento de la antropología del placer, probablemente debido a la represión de las convenciones sociales y religiosas.

- La falta de límites a ese uso de los placeres en contextos donde se privilegian ciertos estereotipos: la belleza, la juventud, el devaneo... olvidando que la vivencia del erotismo, del disfrute, asumido de forma envolvente no es sólo cuestión de piel y de sensaciones, sino que es también renovación espiritual y mental.

La asimetría en las relaciones políticas de los cuerpos nos desafía a tejer nuevas formas de relaciones y de conductas.

Anudando resistencias y pluralidad

Las teologías feministas de la liberación son teologías de resistencia, o más bien de resistencias, teniendo en cuenta los múltiples reclamos y las diversas formas en que las autoridades masculinas los han intentado ahogar. También acuñamos el término *teologías feministas*, en plural, debido a su diversidad en el mundo, sus disímiles propuestas surgidas en contextos diferentes.

Mujeres, y también hombres, alrededor del mundo se han sumado a este andar de la conciencia crítica y feminista de género, en la producción teológica feminista, donde algunas temáticas son comunes, pero no siempre tienen las mismas prioridades. Por esa razón afirmamos que son teologías contextuales, todavía con un diálogo en ciernes.

Una de las preguntas más comunes es sobre la identidad, relacionada con el protagonismo activo y visible en las distintas dimensiones de la vida humana, incluyendo nuestra espiritualidad o la pertenencia a alguna institución religiosa. Por eso abordamos el tema de las distintas posturas teológicas feministas y de sus intereses en una u otra vertiente de la producción teológica. Se ha hablado de las teólogas feministas cristianas, y de otras que militan ya en el llamado *post-cristianismo*. Sus reformulaciones y su elaboración de teoría y propuestas teológicas pueden dar como resultado una adhesión y participación críticas en las iglesias o por el contrario una toma de distancia.

Lo que debemos tener claro es que no hay una teología feminista, sino distintas perspectivas, que parten de los tres ejes ya mencionados: vivencias-experiencias-cotidianidad; los cuerpos como lugar de revelación; y de lo que ahora nos ocupa: las resistencias y la pluralidad.

La elaboración del discurso teológico feminista nos muestra una búsqueda plural, en la que uno de los desafíos más fuertes es el diálogo intercultural. Aunque este diálogo parte de una experiencia macroecuménica, muchas veces es únicamente cristiana. Las tres religiones monoteístas, es decir el cristianismo, el judaísmo y el islam, comparten las herramientas de la relectura bíblica y de la hermenéutica feminista de liberación como instrumentos invaluables. En realidad el reto se inicia al interior de la teología cristiana, tanto en teólogas protestantes como católicas. No obstante, el hecho de advertir que para hacer teología es necesaria la mediación sociológica, económica, etc., nos ha llevado a darnos cuenta de que el enfoque interdisciplinario es determinante, o sea, la aportación de otras/os desde sus experiencias religiosas disímiles.

Desde esta perspectiva, asumimos que aunque nos acerca el caminar de las teólogas feministas, o simplemente de mujeres y de hombres comprometidos en la lucha por el cambio social, religioso y político en cualquier latitud, también comprendemos que hay metodologías y recursos distintos. Sin embargo, un elemento es común: se hace teología desde el conflicto, y a la vez se genera conflicto, que se interpreta en ocasiones como algo positivo, y a veces como algo difícil de superar.

En el camino recorrido se pueden advertir cambios fundamentales en los objetivos, contenidos y metodologías de estas teologías. Sin embargo, aún siendo marginadas en instituciones religiosas y teológicas, en las congregaciones y en diversos grupos sociales, sirven a las/os excluidos en todos los espacios donde se necesite reflexionar críticamente para hacer justicia.

A veces se olvida el impacto que estas teologías han tenido, no sólo en muchas mujeres y en ciertos hombres de instituciones religiosas y académicas, sino también en mujeres y en algunos hombres del pueblo sin filiación religiosa alguna. Impacto que, en lo cotidiano, transforma la realidad, ya que el quehacer teológico tiene una carga política que no debe ser entendida únicamente como militancia, que posee un potencial de transformación de la realidad y de las relaciones que en ella se dan.

La pluralidad de las teologías feministas y su característica de resistencia han permitido su difusión. El camino abierto se ha convertido en una hermosa avenida, en la que es posible el encuentro.

Los estudios de género, los estudios interdisciplinarios de las mujeres, los feminismos y las teologías feministas son hebras del manto inconcluso que invito a continuar elaborando. Son líneas o perspectivas de trabajo en las distintas instituciones educativas, en las iglesias que aprenden y emprenden caminos nuevos, y en los grupos populares que quieren tejer a su manera las esperanzas y los sueños. Pero no sólo son perspectivas, líneas o políticas de trabajo: ¡Son opciones de vida y de pensamiento!

Yadira Calvo, refiriéndose a la mujer de Sión[11], en el libro de Isaías, nos seduce con este texto:

> ...sonríe ante sus frascos de perfume, se coloca su fino chal de gasa tintineando cadenas y pulseras; abre la puerta, y echando a andar con paso menudo y cuello erguido, avanza entre un sonar de ajorcas y un agitar de velos y pañuelos. Tras ella se lanzan en jauría Padres, profetas, santos, monjes, laicos, honorables varones que la siguen mostrándole sus códigos morales y sus listas de horrores. El tábano del deseo reprimido les atenaza la ingle y el del remordimiento les atenaza el corazón. Por eso la persiguen y la inculpan, y le atribuyen su propia lascivia desatada. Ella sin detenerse, cruza siglos y edades con paso breve y firme, símbolo eterno de su femenina autonomía. Y viendo en el camino a millares de mujeres veladas, obedientes e inmóviles, piensa en lo bueno de no ser buena; en el gozo de saberse dueña de su propio cuerpo y no reconocerle a nadie el derecho de ordenarle que debe o que no debe hacer con el.[12]

---

11 Isaias 3, 16-24.
12 Calvo, op. cit., 145.

Probablemente nos identificamos con el final del texto. Nos sentimos parte de este millar de mujeres sin velo, desobedientes y en camino, que piensan, que aman, que disfrutan al ser amadas, que tienen su palabra y se atreven a decirla, que conocen sus ambigüedades y las trabajan, que reconocen su cuerpo (no el del estereotipo o estándar *autorizado*), que son tiernas, apasionadas, complejas y que tejen su propio chal con todas/os aquellos que quieran acercarse a compartir sus hebras. Cada una puede decir: Soy esta mujer del millar de tejedoras de vida, y, más allá de eso, soy yo, única, inacabada, en maduración.

Con este recorrido queremos convidar a todas y todos a continuar tejiendo en medio de la compleja madeja que es la vida cotidiana, plena de resistencias y pluralidad, trayendo a la memoria las palabras de Elizabeth Johnson:

> Cuando se practica como parte de una fe viva, esta clase de memoria contribuye al acontecimiento espiritual que está en el corazón del Evangelio: el llegar a ser de las identidades suprimidas, llenas de nuevas energías, gracias al fuego del Espíritu, para poder bendecir, trabajar por la justicia y seguir a Cristo creando nuevas formas de discipulado. En el proceso, la experiencia tan clamorosamente expresada en Hebreos llega a ser una realidad viva: se presenta a una gran nube de testigos en cuya compañía camina la ekklesia.[13]

---

13 Calvo, op. cit., 145.

BIBLIOGRAFIA

Bordieu, Pierre. *La dominación masculina*. Francia: Editions du Seuil, 1998 Versión en español disponible en http://www.udg.mx/laventana/libr3/bordieu.html#cola

Calvo, Yadira. *Éxtasis y ortigas: Las mujeres entre el goce y la censura*. San José: Farben, Editorial Norma, 2004.

Croatto, J. Severino. *Hermenéutica bíblica. Para una teoría de la lectura como producción de sentido*. Buenos Aires: La Aurora, 1984.

De Monticelli, Roberta. *Etica o teoria del sentire*. Milano: Garzanti, 2002.

Eckholt, Margit. "Con pasión y compasión, movimientos de búsqueda de teólogas latinoamericanas". *Teol. vida [online]*. 2007, Vol. 48, 1: 9-24. Disponible en:<http://www.scielo.cl/scielo.php?script=sci_arttext&pid=S0049-34492007000100002&lng=es&nrm=iso>. ISSN 0049-3449. doi: 10.4067/S0049-34492007000100002. [citado 2010-06-16].

Esquivel, Julia. *Threatened with resurrection, Amenazado de resurrección*. Chicago: Brethren Press, 1982.

Foulkes, Irene. *Primeros pasos en la relectura bíblica desde la perspectiva de género*. Quito: CLAI, sf.

Harper, Frances E. W. *Complete poems of Frances E. W. Harper*. New York: Oxford University Press, 2008.

Hurtado, J. y U. Seibert. *Nuestro cuerpo, nuestro territorio*. Colombia: Colectivo Con-spirando, 2007. CD-ROM.

Johnson, Elizabeth A. *Amigos de Dios y Profetas, Una interpretación teológica feminista de la comunión de los santos*. Barcelona: Herder, 2004.

Kinukawa, Hisako. *Women and Jesus in Mark, A Japanese Feminist Perspective*. New York: Orbis Books.

López, Ediberto. "Entre dos orillas: el proceso hermenéutico" en *RIBLA* 53. Quito: RECU.

Marco, Aurora. "Revisiones y reescrituras de mitos femeninos". Universidad Santiago de Compostela. Disponible en: http://sedll.org/es/admin/uploads/congresos/9/act/286/2conferencias.pdf Accesado 1 de julio del 2011.

Mesters, Carlos., *Vivir y anunciar la Palabra: Las primeras comunidades*. Equipo Bíblico CRB. Navarra: Verbo Divino, 2001.

Montemayor López, Rebeca. "Pascua". México, 2010. No publicado.

Navarro Puerto, M. "Categorías emergentes para una teología feminista contextualizada, Teología y mujeres en la Unión Europea" en http://www. ciudaddemujeres.com/articulos/IMG/pdf/TFenlaUE-MercedesNavarro.pdf. Fecha de acceso: 2 de octubre del 2009.

Pontificia Comisión Bíblica, *La interpretación de la Biblia en la Iglesia, E. 3*. Madrid: PPC, 2007. Original de 1993.

Propuesta Educativa Teresiana (PET). Barcelona: Editorial STJ, 2006, 92-94.

Richard, Pablo. *El movimiento de Jesús antes de la Iglesia*. San José: DEI, 1998.

Schüssler Fiorenza, Elisabeth. *En memoria de ella: Una reconstrucción teológica feminista de los orígenes del cristianismo*. Bilbao: Descleé de Brouwer, 1989.

Schüssler Fiorenza, Elisabeth. *Los caminos de la sabiduría*. Santander: Sal Terrae, 2004.

Shinoda Bolen, Jean. *Las diosas de la mujer madura, Arquetipos femeninos a partir de los cincuenta*. Barcelona: Kairós, 2009.

Tamez, Elsa. *El rostro femenino de la teología*. San José: DEI, 1986.

Tamez, Elsa. *Hermenéuticas de gracia y liberación*. Aportes bíblicos No. 6 y 7. San José: SEBILA, 2008.

Woolf, Virginia. *Una habitación propia*. Barcelona: Seix Barral, 1967 y 2008.

www.ingramcontent.com/pod-product-compliance
Lightning Source LLC
Chambersburg PA
CBHW072354090426
42741CB00012B/3037